I0490601

EINFÜHRUNG

WAS IST ZEITMANAGEMENT?

STEFAN BAUER

Vorteile der Work-Life-Balance

Bevor wir in die wesentlichen Techniken des Zeitmanagements eintauchen, wollen wir zunächst verstehen, was genau Zeitmanagement ist. Sobald wir ein gutes Verständnis davon haben, was Zeitmanagement ist, können wir uns damit befassen, wie wir darin besser werden können. So lass uns gehen!

Zeitmanagement ist nichts anderes als der Prozess der Planung, Organisation und Kontrolle, wie Sie Ihre Zeit verbringen, um bestimmte Ziele und Ziele zu erreichen. Es geht darum, Prioritäten zu setzen, einen Zeitplan zu erstellen und Aufgaben und Aktivitäten effizient und effektiv zu verwalten.

Ein gutes Zeitmanagement kann Ihnen helfen, Ihre Zeit effektiver zu nutzen, Ihre Produktivität zu steigern und Stress und Angst abzubauen. Nun, wer will das nicht?! Es kann Ihnen auch helfen, eine bessere Work-Life-Balance zu erreichen, sodass Sie sich Zeit für Ihre beruflichen und privaten Verpflichtungen nehmen können. Zeitmanagement bedeutet, bewusste Entscheidungen darüber zu treffen, wie Sie Ihre Zeit verbringen, anstatt nur auf die Anforderungen des Augenblicks zu reagieren. Es erfordert Selbstdisziplin und die Fähigkeit, Aufgaben und Verantwortlichkeiten zu priorisieren, um das Beste aus Ihrer Zeit zu machen.

Effektives Zeitmanagement beinhaltet das Setzen spezifischer Ziele und Ziele und das anschließende Organisieren und Priorisieren Ihrer Aufgaben und Aktivitäten in einer Weise, die Ihnen hilft, diese Ziele zu erreichen. Dies kann das Erstellen eines Zeitplans oder Kalenders beinhalten, um Ihre Zeit zu planen, größere Aufgaben in kleinere, überschaubarere Teile aufzuteilen und Aufgaben gegebenenfalls an andere zu delegieren. Zeitmanagement bedeutet auch, darauf zu achten, wie Sie Ihre Zeit verbringen, und Aktivitäten zu identifizieren und zu eliminieren, die nicht produktiv oder notwendig sind. Dazu kann gehören, Grenzen zu setzen, um Ablenkungen und Unterbrechungen zu minimieren, und zu lernen, „Nein" zu unangemessenen oder unnötigen Bitten um Ihre Zeit zu sagen.

Effektives Zeitmanagement erfordert auch, dass Sie sich Ihrer persönlichen Produktivitätsmuster bewusst sind und Strategien finden, die für Sie am besten funktionieren. Manche Menschen sind beispielsweise morgens produktiver, während andere nachts besser arbeiten. Es ist wichtig, einen Zeitplan und eine Routine zu finden, die für Sie und Ihre persönlichen Bedürfnisse und Ziele am besten geeignet sind.

Ein gutes Zeitmanagement hilft Ihnen nicht nur, Ihre Ziele zu erreichen und produktiver zu sein, sondern kann auch dazu beitragen, Stress abzubauen und Ihr allgemeines Wohlbefinden zu verbessern. Indem Sie die Kontrolle über Ihre Zeit übernehmen und vermeiden, sich überfordert oder überlastet zu fühlen, können Sie mehr Gleichgewicht und Harmonie in Ihrem Leben schaffen.

WARUM IST EFFEKTIVES ZEITMANAGEMENT WICHTIG?

Effektives Zeitmanagement ist sowohl für den persönlichen als auch für den beruflichen Erfolg unerlässlich. Ich bin sicher, Sie verstehen das zutiefst, sonst würden Sie dieses Buch lesen :)
Durch die Organisation und Priorisierung Ihrer Aufgaben und Tätigkeiten können Sie Ihre Zeit effizienter und effektiver nutzen und Ihre Ziele schneller und stressfreier erreichen.

Professionelles Leben

Effektives Zeitmanagement ist entscheidend für den Erfolg im Berufsleben. Ein gutes Zeitmanagement ermöglicht es Einzelpersonen, Aufgaben zu priorisieren, die Produktivität zu steigern und die allgemeine Arbeitsleistung zu verbessern. In diesem Zusammenhang beinhaltet ein effektives Zeitmanagement die Planung, Priorisierung und Organisation von Arbeitsaktivitäten in einer Weise, die die Produktivität maximiert und Zeitverschwendung minimiert.

Ein wesentlicher Vorteil eines effektiven Zeitmanagements ist die gesteigerte Produktivität. Mit der richtigen Planung und Organisation können sich Einzelpersonen besser auf wichtige Aufgaben konzentrieren, anstatt sich mit weniger wichtigen Aufgaben zu beschäftigen. Dies hilft, die Effizienz und Produktivität zu steigern, was zu einer erfolgreicheren Karriere führen kann.

Effektives Zeitmanagement hilft dem Einzelnen auch dabei, Fristen einzuhalten und Ziele zu erreichen. Durch die Festlegung klarer Ziele und Fristen kann der Einzelne systematisch darauf hinarbeiten, diese zu erreichen, ohne sich überfordert oder gestresst zu fühlen. Dies hilft auch, Eile in letzter Minute zu vermeiden, die zu Fehlern und verpassten Fristen führen kann.

Ein weiterer wichtiger Aspekt eines effektiven Zeitmanagements ist die Priorisierung. Im beruflichen Kontext stehen dem Einzelnen oft zahlreiche Aufgaben mit unterschiedlicher Wichtigkeit und Dringlichkeit gegenüber. Effektives Zeitmanagement bedeutet, die wichtigsten Aufgaben zu identifizieren und entsprechend zu priorisieren. Dies hilft Einzelpersonen, sich auf Aufgaben zu konzentrieren, die für ihren Erfolg entscheidend sind, und sicherzustellen, dass sie rechtzeitig abgeschlossen werden.

Effektives Zeitmanagement fördert auch eine bessere Work-Life-Balance. Durch ein effektives Zeitmanagement können

Einzelpersonen vermeiden, übermäßig viele Stunden bei der Arbeit zu verbringen, und sich stattdessen Zeit für persönliche Aktivitäten und Verantwortlichkeiten nehmen. Dies kann helfen, Stress abzubauen, die psychische Gesundheit zu verbessern und ein ausgeglicheneres und erfüllteres Leben außerhalb der Arbeit zu schaffen.

Darüber hinaus kann ein effektives Zeitmanagement zu einer erhöhten Arbeitszufriedenheit führen. Wenn Einzelpersonen in der Lage sind, ihre Arbeit effizient und effektiv zu erledigen, empfinden sie ein Gefühl der Leistung und Erfüllung. Dies kann zu erhöhter Arbeitszufriedenheit und Motivation sowie zu einem insgesamt besseren Arbeitserlebnis führen.

Schließlich kann ein effektives Zeitmanagement die Karriereaussichten verbessern. Personen, die ihre Zeit effektiv einteilen können, werden oft als zuverlässig, produktiv und kompetent angesehen. Dies kann zu Aufstiegsmöglichkeiten, mehr Verantwortung und höheren Gehältern führen.

Persönliches Leben

Einer der Hauptvorteile eines effektiven Zeitmanagements in unserem Privatleben besteht darin, dass es uns ermöglicht, die Dinge zu priorisieren und zu erledigen, die uns am wichtigsten sind. Indem wir klare Ziele und Prioritäten setzen, können wir unsere Zeit und Energie auf die wichtigsten Aktivitäten konzentrieren, sei es Zeit mit unseren Lieben zu verbringen, Hobbys und Interessen nachzugehen oder an der persönlichen Entwicklung zu arbeiten. Dies wiederum hilft uns, uns in unserem persönlichen Leben erfüllter und zufriedener zu fühlen.

Ein effektives Zeitmanagement ermöglicht es uns auch, unsere persönlichen Verantwortlichkeiten und Verpflichtungen wie Hausarbeit, Besorgungen und Termine besser zu verwalten. Indem wir unsere Zeit effektiv planen und organisieren, können wir sicherstellen, dass wir genug Zeit haben, um diese Aufgaben zu erledigen, ohne uns überfordert oder gestresst zu fühlen. Dies kann dazu beitragen, unser allgemeines Stressniveau zu reduzieren und unser allgemeines Wohlbefinden zu verbessern.

Ein weiterer wichtiger Vorteil eines effektiven Zeitmanagements in unserem Privatleben besteht darin, dass es uns ermöglicht, auf uns selbst aufzupassen. Indem wir Zeit für Selbstpflegeaktivitäten wie Bewegung, Meditation oder Entspannung einplanen, können wir unsere körperliche und geistige Gesundheit verbessern und unser allgemeines Wohlbefinden steigern. Indem wir uns Zeit für die Selbstfürsorge nehmen, können wir außerdem das Burnout-Risiko verringern und unsere Fähigkeit verbessern, mit Stress und schwierigen Situationen umzugehen.

Ein effektives Zeitmanagement ermöglicht es uns auch, uns Zeit für wichtige Beziehungen in unserem Leben zu nehmen, wie z. B. wertvolle Zeit mit Familie und Freunden zu verbringen. Indem wir diesen Beziehungen Priorität einräumen und uns Zeit dafür nehmen, können wir unsere Bindungen zu anderen stärken und unser allgemeines Glück und Wohlbefinden verbessern.

Auch im Privatleben hilft uns ein effektives Zeitmanagement dabei, keine Zeit mit unproduktiven oder unnötigen Tätigkeiten zu verschwenden. Indem wir klare Ziele und Prioritäten setzen, können wir die Aktivitäten identifizieren, die nicht zu unserem allgemeinen Glück oder Wohlbefinden beitragen, und sie aus unserem Zeitplan streichen. Dies kann uns helfen, uns in unserem Privatleben konzentrierter und produktiver zu fühlen.

Schließlich kann uns ein effektives Zeitmanagement in unserem Privatleben helfen, eine bessere Work-Life-Balance zu erreichen. Indem wir uns Zeit für die Dinge nehmen, die uns am wichtigsten sind, können wir das Burnout-Risiko verringern und unsere Fähigkeit verbessern, unsere Arbeitsaufgaben zu bewältigen. Dies kann zu einem insgesamt erfüllteren und befriedigenderen Leben führen.

Effektives Zeitmanagement ist eine entscheidende Fähigkeit, die Ihnen helfen kann, Ihre persönlichen und beruflichen Ziele zu erreichen. Es erfordert Selbstdisziplin und die Fähigkeit, Prioritäten zu setzen und Ihre Aufgaben und Aktivitäten organisiert und effizient zu verwalten. Durch die Entwicklung guter Zeitmanagementgewohnheiten können Sie Ihre Zeit optimal nutzen und in allen Bereichen Ihres Lebens erfolgreicher sein.

VORTEILE
EINES GUTEN
ZEITMANAGEMENTS

Ein gutes Zeitmanagement kann eine Vielzahl von Vorteilen bieten, sowohl privat als auch beruflich. Ich bin sicher, dass einige davon nicht neu für Sie sind. Wir haben gesehen, welche Auswirkungen selbst ein kleines Maß an Struktur und Disziplin beim Zeitmanagement auf unser Leben hat. Warum also nicht lernen, welche anderen Auswirkungen gutes Zeitmanagement haben kann?

Erhöhte Produktivität: Durch die Organisation und Priorisierung Ihrer Aufgaben und Aktivitäten können Sie Ihre Zeit effizienter nutzen und in kürzerer Zeit mehr erledigen. Genau hier stecken wir fest. Wir haben so viel zu tun und wissen nicht, wo wir anfangen sollen, also zögern wir einfach und das Problem wird nur größer. Anstatt Angst davor zu haben, den ganzen Berg zu erklimmen, müssen wir uns darauf konzentrieren, nur einen Schritt nach dem anderen zu machen.

Reduzierter Stress: Ein gutes Zeitmanagement kann Ihnen helfen, sich nicht überfordert oder überfordert zu fühlen, was Stress abbauen und Ihr allgemeines Wohlbefinden verbessern kann. Indem Sie klare Prioritäten setzen und Ihre Zeit effektiv verwalten, können Sie Ihre Arbeitsbelastung kontrollieren und vermeiden, sich gehetzt oder unter Druck zu fühlen. Dies markiert zusammen mit dem ersten Punkt. Sobald wir anfangen, die Arbeit zu erledigen und einen Weg finden, wie wir sie erledigen können, haben wir einfach mehr Kontrolle. Dies reduziert automatisch Ihren Stress, wodurch Sie weiter viel besser arbeiten können.

Bessere Work-Life-Balance: Ein effektives Zeitmanagement kann Ihnen helfen, Ihre verschiedenen Verpflichtungen und Verantwortlichkeiten in Einklang zu bringen und sich Zeit für die Dinge zu nehmen, die Ihnen am wichtigsten sind. Haben Sie den Tanz Ihres Kindes oder das Abendessen mit College-Freunden verpasst, nur weil Sie viel Arbeit zu erledigen hatten? Das größte Ziel eines guten Zeitmanagements ist es, Ihnen zu ermöglichen, viel mehr aus Ihrem Leben zu machen. Um Ihnen die Freiheit zu geben, mehr Teile Ihres Lebens zu erkunden, ohne sich schuldig zu fühlen, dass Sie einen anderen Teil Ihres Lebens vernachlässigen.

Verbesserte Zielerreichung: Indem Sie sich klare und spezifische Ziele setzen und Ihre Zeit und Aufgaben so organisieren, dass Sie diese Ziele erreichen, können Sie stetig Fortschritte in Richtung Ihrer Ziele machen.

Besserer Ruf: In der Berufswelt kann Ihnen ein gutes Zeitmanagement dabei helfen, sich einen guten Ruf aufzubauen und in Ihrer Karriere voranzukommen. Indem Sie Termine konsequent einhalten und Projekte termingerecht abschließen, beweisen Sie Ihren Kollegen und Vorgesetzten Ihre Zuverlässigkeit und Verlässlichkeit.

Erhöhte Kreativität und Problemlösungsfähigkeiten: Gutes Zeitmanagement kann helfen, geistige Energie und Raum freizusetzen, sodass Sie kreativer denken und Probleme effektiver lösen können. Indem Sie vermeiden, sich überfordert oder gehetzt zu fühlen, können Sie leichter auf Ihre kreativen Fähigkeiten zur Problemlösung zugreifen.

BEWERTUNG IHRER AKTUELLEN ZEITMANAGEMENTFÄHIGKEITEN

Der erste Schritt zur Verbesserung besteht darin, das Problem klar zu identifizieren. Je klarer Sie werden, was genau Ihre Zeitmanagementprobleme verursacht, desto leichter können Sie sie lösen. Die Bewertung Ihrer aktuellen Zeitmanagementfähigkeiten umfasst die Bewertung, wie Sie derzeit Ihre Zeit verbringen, und die Identifizierung von Bereichen, die Ihre Produktivität und Effektivität beeinträchtigen könnten. Dies kann beinhalten, Ihre Zeit zu verfolgen und zu messen, wie Sie sie verbringen, häufige Zeitfresser zu identifizieren und Ziele zur Verbesserung Ihres Zeitmanagements zu setzen.

Um Ihre aktuellen Zeitmanagementfähigkeiten einzuschätzen, sollten Sie sich Fragen stellen wie: Haben Sie klare Ziele und Prioritäten? Verwenden Sie einen Zeitplan oder Kalender, um Ihre Zeit zu planen? Erledigen Sie regelmäßig Aufgaben pünktlich oder neigen Sie dazu, Aufgaben aufzuschieben? Haben Sie Schwierigkeiten, mit Ablenkungen und Unterbrechungen umzugehen? Durch die Beantwortung dieser und anderer Fragen können Sie Ihre aktuellen Zeitmanagementfähigkeiten besser verstehen und Bereiche für Verbesserungen identifizieren.

HÄUFIGE ZEITFRESSER IDENTIFIZIEREN

Das Erkennen häufiger Zeitverschwender kann ein wichtiger Schritt zur Verbesserung Ihrer Zeitmanagementfähigkeiten sein. Zeitfresser sind Aktivitäten oder Gewohnheiten, die Ihre Zeit in Anspruch nehmen, ohne einen wirklichen Wert oder Nutzen zu bieten. Sie können Ihre Produktivität und Effektivität erheblich beeinträchtigen und das Erreichen Ihrer Ziele erschweren. Einige häufige Zeitfresser sind:

Überprüfen von E-Mails und sozialen Medien: Das ständige Überprüfen von E-Mails und sozialen Medien kann eine große Ablenkung sein und einen großen Teil Ihrer Zeit in Anspruch nehmen. Zeitverschwendung per E-Mail mag kontraintuitiv erscheinen. Ihre Arbeit erfordert, dass Sie Ihre E-Mails abrufen. Wie kann das als Zeitverschwendung angesehen werden?! Am Ende verschwenden wir Zeit, indem wir nicht an unseren Arbeits-E-Mails arbeiten, sondern uns von all den Angeboten ablenken lassen, mit denen unser Posteingang bombardiert wird. Es ist nicht immer einfach, den 15 % Rabattgutschein, der in unserem Posteingang wartet, nicht voll auszunutzen. Social Media ist ein ganz anderes Biest. Instagram, YouTube, TikTok, Snapchat, Facebook usw. sollen Sie ablenken und ablenken Allein zu erfahren, wie viel Zeit wir auf jeder dieser Plattformen verbringen, trägt wesentlich dazu bei, unsere Nutzung zu reduzieren.

Multitasking: Auch wenn es den Anschein haben mag, dass Multitasking Ihnen helfen kann, in kürzerer Zeit mehr zu erledigen, kann es tatsächlich eine große Zeitverschwendung sein. Das Wechseln zwischen Aufgaben kann zeitaufwändig sein und Ihre Gesamtproduktivität verringern. Es hindert Sie daran, sich auf einen Job zu konzentrieren und den Job tatsächlich zu beenden. Stattdessen erledigen Sie immer mehrere Jobs gleichzeitig und keiner der Jobs auf Ihrer To-do-Liste wird abgehakt. Einen Job zu beenden und ihn von deiner To-Do-Liste zu entfernen, ist unglaublich befriedigend und spornt dich an, mehr zu erledigen.

Treffen: „Nun, das hätte nur eine E-Mail sein können." Unglücklicherweise haben wir das unzählige Male gefühlt, während wir in einem weiteren langen und sinnlosen Meeting saßen. Meetings können ein wichtiger Teil der Arbeit sein, aber sie können auch eine große Zeitverschwendung sein, wenn sie nicht gut organisiert und produktiv sind. Wie jede andere Aufgabe auch, wenn ein Meeting kein vordefiniertes Ziel und keine festgelegte Frist hat, wird es sich nur in die Länge ziehen und meistens nicht effektiv sein. Erwägen Sie, die Anzahl der Meetings, an denen Sie teilnehmen, zu begrenzen, und stellen Sie sicher, dass Sie Meetings vorbereiten und nachbereiten, um das Beste aus Ihrer Zeit zu machen.

Perfektionismus: Perfektionismus ist einer der Hauptgründe für Prokrastination. Es kann unglaublich schwierig sein, eine Aufgabe einfach zu erledigen, weil Sie das Gefühl haben, dass sie nicht gut genug ist. Dies führt nur dazu, dass sich immer mehr Aufgaben anhäufen, was zu so viel mehr Stress führt. Das Streben nach Perfektion kann eine Zeitverschwendung sein, wenn es dazu führt, dass Aufgaben ständig neu betrachtet und überarbeitet werden. Es ist wichtig, ein Gleichgewicht zwischen qualitativ hochwertiger Arbeit und einem effizienten Umgang mit Ihrer Zeit zu finden.

Desorganisation: Desorganisation kann eine große Zeitverschwendung sein, da sie das Auffinden von Dingen erschweren und zu verschwendeter Zeit mit der Suche nach Gegenständen oder dem Versuch führen kann, sich daran zu erinnern, was Sie tun müssen. Indem Sie organisiert bleiben, können Sie Ihre Zeit effizienter nutzen.

Indem Sie häufige Zeitfresser identifizieren und angehen, können Sie Ihre Zeitmanagementfähigkeiten verbessern und produktiver sein.

MESSEN, WIE SIE DERZEIT IHRE ZEIT VERBRINGEN

Ein sehr großer Augenöffner für mich war, als ich herausfand, wie viel Zeit ich tatsächlich mit meinen Social-Media-Apps auf meinem Handy verbringe. Ich leugnete ziemlich, dass ich Social Media nicht viel nutzte. Ich war nicht süchtig. Ich könnte aufhören, wann immer ich will. Die klassische Suchtmentalität. Moderne Geräte verfügen über Tools, mit denen Sie sehen können, wie viele Stunden des Tages Sie mit verschiedenen Apps verbringen. Sie werden auf jeden Fall von den Ergebnissen überrascht sein. Zu messen, wie Sie derzeit Ihre Zeit verbringen, kann ein hilfreicher Schritt zur Verbesserung Ihrer Zeitmanagementfähigkeiten sein. Indem Sie Ihre Zeit verfolgen und verstehen, wohin sie fließt, können Sie Bereiche identifizieren, in denen Sie möglicherweise Zeit verschwenden, und Änderungen vornehmen, um produktiver und effizienter zu sein. Es gibt verschiedene Methoden, mit denen Sie messen können, wie Sie derzeit Ihre Zeit verbringen, darunter:

Zeitprotokolle: Ein Zeitprotokoll ist eine Aufzeichnung darüber, wie Sie Ihre Zeit im Laufe des Tages verbringen. Um ein Zeitprotokoll zu erstellen, können Sie einen Planer, eine Tabellenkalkulation oder ein einfaches Blatt Papier verwenden. Beginnen Sie damit, Ihren Tag in Zeitblöcke zu unterteilen, und zeichnen Sie dann auf, was Sie in jedem Block tun. Seien Sie so spezifisch wie möglich und schließen Sie alle Aktivitäten ein, einschließlich Arbeitsaufgaben, persönliche Aktivitäten und Freizeit.

Zeiterfassungssoftware: Es gibt viele Software-Tools, mit denen Sie Ihre Zeit verfolgen und messen können. Diese Tools können automatisch aufzeichnen, wie Sie Ihre Zeit an Ihrem Computer oder Telefon verbringen, und können detaillierte Berichte über Ihre Aktivitäten erstellen. Einige Zeiterfassungstools ermöglichen es Ihnen sogar, Ihre Zeit zu kategorisieren und Ihren Fortschritt in Bezug auf bestimmte Ziele zu verfolgen.

Zeittagebücher: Ein Zeittagebuch ist eine detaillierte

Aufzeichnung Ihrer täglichen Aktivitäten. Um ein Zeittagebuch zu erstellen, können Sie einen Planer oder eine Tabellenkalkulation verwenden oder Ihre Aktivitäten einfach in einem Notizbuch aufschreiben. Achten Sie darauf, alles aufzuzeichnen, was Sie tun, einschließlich Arbeitsaufgaben, persönliche Aktivitäten und Freizeit.

Smartphone-Apps: Es gibt viele Smartphone-Apps, mit denen Sie Ihre Zeit verfolgen und messen können. Diese Apps können Ihre Aktivitäten auf Ihrem Telefon automatisch aufzeichnen und detaillierte Berichte darüber liefern, wie Sie Ihre Zeit verbringen. Einige Apps ermöglichen es Ihnen sogar, Ziele zu setzen und Ihren Fortschritt beim Erreichen dieser Ziele zu verfolgen. Einige beliebte Zeiterfassungs-Apps sind:

Umschalten: Toggl ist eine einfache Zeiterfassungs-App, mit der Sie Ihre Zeit und Aktivitäten auf Ihrem Telefon oder Computer verfolgen können. Es bietet detaillierte Berichte über Ihre Zeitnutzung und ermöglicht es Ihnen, Ziele zu setzen und Ihren Fortschritt zu verfolgen.

Rettungszeit: RescueTime ist eine Zeiterfassungs-App, die Ihre Aktivitäten auf Ihrem Telefon und Computer überwacht und detaillierte Berichte darüber liefert, wie Sie Ihre Zeit verbringen. Es enthält auch Funktionen, die Ihnen helfen, konzentriert zu bleiben und Ablenkungen zu vermeiden.

Rechtzeitig: Timely ist eine Zeiterfassungs-App, mit der Sie Ihre Zeit und Aktivitäten auf Ihrem Telefon oder Computer aufzeichnen können. Es bietet detaillierte Berichte über Ihre Zeitnutzung und enthält Funktionen, die Ihnen helfen, Ziele zu setzen und Ihren Fortschritt zu verfolgen.

Ernte: Harvest ist eine Zeiterfassungs-App, mit der Sie Ihre Zeit und Aktivitäten auf Ihrem Telefon oder Computer aufzeichnen können. Es bietet detaillierte Berichte über Ihre Zeitnutzung und enthält Funktionen, die Ihnen bei der Verwaltung Ihrer Projekte und Rechnungsstellung helfen.

Zeit Arzt: Time Doctor ist eine Zeiterfassungs-App, mit der Sie Ihre Zeit und Aktivitäten auf Ihrem Telefon oder Computer verfolgen können. Es bietet detaillierte Berichte über Ihre Zeitnutzung und enthält Funktionen, die Ihnen helfen, konzentriert zu bleiben und Ablenkungen zu vermeiden.

SETZEN SIE SICH ZIELE ZUR VERBESSERUNG IHRES ZEITMANAGEMENTS

Das Setzen von Zielen zur Verbesserung Ihres Zeitmanagements kann ein hilfreicher Schritt sein, um mehr Produktivität und Erfolg zu erreichen. Indem Sie sich klare und spezifische Ziele setzen, können Sie Ihre Bemühungen fokussieren und stetige Fortschritte bei der Verbesserung Ihrer Zeitmanagementfähigkeiten machen. Einige Tipps zum Setzen von Zielen zur Verbesserung Ihres Zeitmanagements sind:

Klein anfangen: Es ist wichtig, mit kleinen, erreichbaren Zielen zu beginnen, anstatt zu versuchen, zu viele Änderungen auf einmal vorzunehmen. Indem Sie sich kleine, erreichbare Ziele setzen, können Sie Schwung und Selbstvertrauen aufbauen und es einfacher machen, Ihren Fortschritt im Laufe der Zeit aufrechtzuerhalten.

Sei genau: Anstatt vage oder allgemeine Ziele zu setzen, versuchen Sie, so spezifisch wie möglich zu sein. Anstatt sich zum Beispiel „organisierter zu sein" als Ziel zu setzen, sollte man sich zum Ziel setzen, „jeden Tag 30 Minuten damit zu verbringen, meinen Schreibtisch aufzuräumen". Spezifische Ziele sind einfacher zu messen und zu verfolgen und können Ihnen dabei helfen, mehr Fortschritte zu erzielen.

Machen Sie Ihre Ziele messbar: Es ist wichtig, Ziele zu setzen, die gemessen werden können, damit Sie Ihren Fortschritt verfolgen und sehen können, wie es Ihnen geht. Anstatt sich zum Beispiel das Ziel zu setzen, „weniger Zeit in sozialen Medien zu verbringen", sollte man sich zum Ziel setzen, „nicht mehr als 30 Minuten pro Tag in sozialen Medien zu verbringen". Auf diese Weise können Sie Ihren Fortschritt verfolgen und sehen, wie es Ihnen geht.

Frist setzen: Indem Sie eine Frist für Ihre Ziele setzen, können Sie ein Gefühl der Dringlichkeit und Motivation schaffen, um Fortschritte zu erzielen. Stellen Sie sicher, dass Sie eine Frist wählen, die realistisch und erreichbar ist, aber auch ein Gefühl der Herausforderung vermittelt.

Überprüfen Sie Ihren Fortschritt: Es ist wichtig, dass Sie Ihren Fortschritt regelmäßig überprüfen, um zu sehen, wie es Ihnen geht, und notwendige Anpassungen vornehmen. Dies kann beinhalten, Ihre Zeit zu verfolgen, Ihre Produktivität zu messen und nach Bereichen zu suchen, in denen Sie sich verbessern können.

Indem Sie sich klare und spezifische Ziele zur Verbesserung Ihres Zeitmanagements setzen, können Sie Ihre Bemühungen fokussieren und stetige Fortschritte bei der Verbesserung Ihrer Produktivität und Effektivität erzielen. Denken Sie daran, klein anzufangen und spezifisch zu sein, und achten Sie darauf, Ihren Fortschritt regelmäßig zu überprüfen, um notwendige Anpassungen vorzunehmen. Mit Zeit und Übung können Sie gute Zeitmanagementgewohnheiten entwickeln, die Ihnen helfen, Ihre Ziele zu erreichen und sowohl im Privat- als auch im Berufsleben erfolgreicher zu sein.

SETZEN VON PRIORITÄTEN UND ZIELEN

Das Setzen von Prioritäten und Zielen ist ein wichtiger Aspekt eines effektiven Zeitmanagements. Indem Sie klare Prioritäten setzen, können Sie Ihre Bemühungen auf die Aufgaben und Aktivitäten konzentrieren, die am wichtigsten sind und die größte Wirkung erzielen. Dies kann Ihnen helfen, Zeitverschwendung mit unnötigen Aufgaben oder Aufgaben mit niedriger Priorität zu vermeiden und stetige Fortschritte in Richtung Ihrer Ziele zu erzielen. Um Prioritäten und Ziele effektiv festzulegen, ist Folgendes wichtig:

Identifizieren Sie Ihre wichtigsten Aufgaben und Aktivitäten: Nehmen Sie sich etwas Zeit, um zu überlegen, welche Aufgaben und Aktivitäten für Sie am wichtigsten sind und die größte Wirkung haben werden. Dies sind Ihre Aufgaben mit der höchsten Priorität, denen die größte Aufmerksamkeit geschenkt werden sollte. Nun, das mag sehr offensichtlich erscheinen und wir tun dies normalerweise intuitiv. Das Problem entsteht, wenn es zu viele Aufgaben gibt, um diesen Prozess intuitiv durchzuführen. Alles scheint wichtig und alles muss JETZT getan werden! Verlangsamen, über die Aufgaben nachdenken und die Aufgaben mit Wichtigkeit und Fristen zu Papier bringen, ist der erste Schritt. Sobald dies geschehen ist, können wir mit Folgendem beginnen:

Setzen Sie sich konkrete und erreichbare Ziele: Anstatt vage oder allgemeine Ziele zu setzen, seien Sie spezifisch und wählen Sie Ziele, die erreichbar sind. Dies wird es einfacher machen, Ihren Fortschritt zu messen und motiviert zu bleiben.

Erstellen Sie einen Plan: Sobald Sie Ihre Prioritäten identifiziert und Ihre Ziele festgelegt haben, erstellen Sie einen Plan, wie Sie diese erreichen wollen. Dies kann das Erstellen eines Zeitplans oder Kalenders beinhalten, um Ihre Zeit zu planen, größere Aufgaben in kleinere, überschaubarere Teile aufzuteilen und Aufgaben gegebenenfalls an andere zu delegieren.

Überprüfen und passen Sie Ihre Prioritäten und Ziele

regelmäßig an: Es ist wichtig, dass Sie Ihre Prioritäten und Ziele regelmäßig überprüfen, um sicherzustellen, dass sie immer noch relevant und mit Ihren Gesamtzielen übereinstimmen. Dies kann beinhalten, dass Sie Ihre Ziele anpassen oder Ihren Plan nach Bedarf ändern.

Indem Sie Prioritäten und Ziele festlegen, können Sie Ihre Bemühungen auf die wichtigsten Aufgaben und Aktivitäten konzentrieren und stetige Fortschritte beim Erreichen Ihrer Ziele machen. Dies kann Ihnen helfen, produktiver und effizienter zu sein und Ihre Ziele schneller und mit weniger Stress zu erreichen.

DIE BEDEUTUNG KLARER UND KONKRETER ZIELE

Das Setzen klarer und spezifischer Ziele ist ein wichtiger Aspekt des effektiven Zeitmanagements und der Zielerreichung. Indem Sie sich klare und spezifische Ziele setzen, können Sie Ihre Bemühungen fokussieren und stetige Fortschritte machen, um das zu erreichen, was Sie wollen. Zu den wichtigsten Vorteilen klarer und spezifischer Ziele gehören:

Mehr Klarheit und Fokus: Klare und spezifische Ziele geben eine klare Richtung und einen klaren Fokus vor und helfen Ihnen, motiviert und auf Kurs zu bleiben. Indem Sie genau wissen, was Sie erreichen möchten, können Sie vermeiden, Zeit mit unnötigen oder unwichtigen Aufgaben zu verschwenden, und sich auf die Dinge konzentrieren, die am wichtigsten sind. Sie müssen den Preis im Auge behalten, um eine Chance auf den Preis zu haben

Einfachere Messung und Verfolgung: Spezifische Ziele sind einfacher zu messen und zu verfolgen, was Ihnen helfen kann, Ihre Fortschritte zu sehen und motiviert zu bleiben. Indem Sie sich konkrete und messbare Ziele setzen, können Sie Ihren Fortschritt verfolgen und sehen, wie Sie vorankommen, und alle notwendigen Anpassungen vornehmen, um auf Kurs zu bleiben. Je spezifischer die Ziele sind, desto weniger Zeit brauchen Sie, um herauszufinden, wie Sie ein Ziel erreichen können, und desto einfacher wird es, dieses Ziel zu erreichen.

Erhöhte Motivation und Einsatzbereitschaft: Klare und spezifische Ziele können ein Gefühl von Zweck und Motivation vermitteln und Ihnen dabei helfen, engagiert und fokussiert zu bleiben, um das zu erreichen, was Sie wollen. Indem Sie sich Ziele setzen, die für Sie sinnvoll und wichtig sind, bleiben Sie motiviert und engagiert, auch wenn es schwierig wird.

Größere Rechenschaftspflicht: Spezifische Ziele bieten einen klaren Standard für die Messung Ihres Fortschritts, der Ihre Verantwortlichkeit erhöhen und Ihnen helfen kann, auf Kurs zu bleiben. Indem Sie sich klare und spezifische Ziele setzen, können Sie sich selbst dafür verantwortlich machen, Fortschritte zu erzielen und das zu erreichen, was Sie wollen.

Insgesamt ist das Setzen klarer und spezifischer Ziele ein wichtiger Aspekt eines effektiven Zeitmanagements und der Zielerreichung. Indem Sie sich klare, spezifische und messbare Ziele setzen, können Sie Ihre Bemühungen fokussieren und stetige Fortschritte machen, um das zu erreichen, was Sie wollen, und Ihre Erfolgschancen erhöhen.

WIE MAN ZERLEGEN SIE GRÖSSERE ZIELE IN KLEINERE, ÜBERSCHAUBARERE AUFGABEN

Größere Ziele in kleinere, überschaubarere Aufgaben aufzuteilen, kann ein effektiver Weg sein, um Fortschritte zu erzielen und das zu erreichen, was Sie wollen. Indem Sie Ihre Ziele in kleinere, überschaubarere Aufgaben aufteilen, können Sie Ihre Bemühungen fokussieren und stetige Fortschritte beim Erreichen Ihrer Ziele machen. Einige Tipps zum Aufteilen größerer Ziele in kleinere Aufgaben sind:

Beginnen Sie mit dem Ende im Hinterkopf: Bevor Sie beginnen, Ihre Ziele in kleinere Aufgaben zu unterteilen, ist es wichtig, eine klare Vorstellung davon zu haben, was Sie erreichen möchten. Nehmen Sie sich etwas Zeit, um über Ihre größeren Ziele nachzudenken und darüber, was Sie erreichen möchten. Dies wird Ihnen helfen, die kleineren Aufgaben zu identifizieren, die erledigt werden müssen, um Ihre Ziele zu erreichen.

Identifizieren Sie die wichtigsten Schritte und Meilensteine: Sobald Sie eine klare Vorstellung von Ihren größeren Zielen haben, identifizieren Sie die wichtigsten Schritte und Meilensteine, die erforderlich sind, um sie zu erreichen. Diese können Forschung, Planung, Implementierung und Evaluation umfassen.

Teile jeden Schritt in kleinere Aufgaben auf: Nachdem Sie die wichtigsten Schritte und Meilensteine identifiziert haben, unterteilen Sie jeden Schritt in kleinere Aufgaben. Dazu können bestimmte Aktionen oder Aktivitäten gehören, die abgeschlossen werden müssen, um Fortschritte zu erzielen.

Priorisieren Sie Ihre Aufgaben: Sobald Sie eine Liste mit kleineren Aufgaben haben, priorisieren Sie diese nach ihrer Wichtigkeit und Dringlichkeit. Dies wird Ihnen helfen, sich zuerst auf die wichtigsten Aufgaben zu konzentrieren und sicherzustellen, dass Sie Fortschritte in Richtung Ihrer größeren Ziele machen.

Fristen setzen: Um motiviert und auf Kurs zu bleiben, kann es hilfreich sein, Fristen für die Erledigung jeder Ihrer kleineren Aufgaben festzulegen. Dies wird Ihnen helfen, ein Gefühl der Dringlichkeit zu erzeugen und sicherzustellen, dass Sie Fortschritte in Richtung Ihrer Ziele machen.

Überprüfen und bei Bedarf anpassen: Wenn Sie an Ihren kleineren Aufgaben arbeiten, überprüfen Sie regelmäßig Ihren Fortschritt und nehmen Sie alle notwendigen Anpassungen vor. Dies kann beinhalten, Ihre Aufgabenliste zu überarbeiten, neue Fristen festzulegen oder Ihre Prioritäten nach Bedarf anzupassen.

Insgesamt kann das Aufteilen größerer Ziele in kleinere, leichter zu bewältigende Aufgaben ein effektiver Weg sein, um Fortschritte zu erzielen und das zu erreichen, was Sie wollen. Indem Sie Ihre Ziele in kleinere Aufgaben aufteilen, können Sie Ihre Bemühungen fokussieren und stetige Fortschritte beim Erreichen Ihrer Ziele machen.

TECHNIKEN ZUR PRIORISIERUNG VON AUFGABEN

Es gibt viele verschiedene Techniken zur Priorisierung von Aufgaben, und der beste Ansatz hängt von Ihren individuellen Bedürfnissen und Zielen ab. Einige gängige Techniken zum Priorisieren von Aufgaben sind:

Die Eisenhower-Methode: Die Eisenhower-Methode ist ein Produktivitäts- und Zeitmanagementsystem, das Einzelpersonen hilft, ihre Aufgaben und Aktivitäten zu priorisieren. Es ist nach Dwight D. Eisenhower, dem 34. Präsidenten der Vereinigten Staaten, benannt, der für seine außergewöhnliche Produktivität und Fähigkeit, mehrere Aufgaben zu bewältigen, bekannt war. Die Methode beinhaltet die Kategorisierung von Aufgaben in vier Quadranten basierend auf ihrer Dringlichkeit und Wichtigkeit.

Quadrant 1 enthält Aufgaben, die sowohl dringend als auch wichtig sind, wie Fristen und Notfälle, und sollten zuerst priorisiert werden.

Quadrant 2 umfasst Aufgaben, die wichtig, aber nicht dringend sind, wie z. B. langfristige Planung und persönliche Entwicklung, und denen nach Abschluss dringender Aufgaben Aufmerksamkeit geschenkt werden sollte.

Quadrant 3 enthält Aufgaben, die dringend, aber nicht wichtig sind, wie Unterbrechungen und unnötige Besprechungen, und die delegiert oder minimiert werden sollten.

Quadrant 4 umfasst Aufgaben, die weder dringend noch wichtig sind, wie Ablenkungen und zeitraubende Aktivitäten, und die so weit wie möglich vermieden oder minimiert werden sollten.

Die Eisenhower-Methode ermutigt den Einzelnen, sich auf wichtige und nicht nur dringende Aufgaben zu konzentrieren, da dies dazu beitragen kann, Burnout vorzubeugen und die Gesamtproduktivität zu steigern. Durch die Priorisierung von Aufgaben nach Dringlichkeit und Wichtigkeit können Einzelpersonen ihre Zeit effektiv verwalten und ihre Ziele effizienter erreichen.

	Urgent	**Not Urgent**
Important	⊘ DO IT	📅 SCHEDULE IT
Not Important	👥 DELEGATE IT	🗑 DELETE IT

Die ABC-Methode: Die ABC-Methode ist eine Technik zur Priorisierung von Aufgaben nach Wichtigkeit und Dringlichkeit. Die Methode wurde von Brian Tracy in seinem Buch „Eat That Frog!" populär gemacht. und wird häufig in Zeitmanagement- und Produktivitätsstrategien verwendet. Bei der ABC-Methode werden Aufgaben in drei Kategorien eingeteilt: A, B und C.

Aufgaben, die als A kategorisiert sind, sind die wichtigsten und dringendsten und müssen sofort erledigt werden. Dies sind Aufgaben, die Konsequenzen haben, wenn sie nicht erledigt werden, und die einen erheblichen Einfluss auf die eigenen Ziele und Ziele haben können.

Aufgaben, die als B kategorisiert sind, sind wichtig, aber nicht so dringend wie A-Aufgaben. Diese Aufgaben sollten so schnell wie möglich nach Abschluss der A-Aufgaben erledigt werden.

Aufgaben, die als C kategorisiert sind, sind Aufgaben, die weder wichtig noch dringend sind. Diese Aufgaben sollten nach Möglichkeit delegiert oder eliminiert werden, da sie von wichtigeren Aufgaben ablenken können.

Ein wichtiger Aspekt der ABC-Methode besteht darin, A-Aufgaben weiter zu priorisieren, indem ihnen ein numerischer Wert basierend auf ihrem Wichtigkeitsgrad zugewiesen wird. Beispielsweise ist eine A1-Aufgabe wichtiger als eine A2-Aufgabe, die wichtiger ist als eine A3-Aufgabe.

Das Pareto-Prinzip: Das Pareto-Prinzip, auch als 80/20-Regel bekannt, ist ein beliebtes Konzept im Zeitmanagement und in der Produktivität. Das Prinzip besagt, dass 80 % der Wirkungen von 20 % der Ursachen herrühren. Übertragen auf das Zeitmanagement bedeutet dies, dass 80 % Ihrer Ergebnisse aus 20 % Ihrer Aktivitäten stammen. Mit anderen Worten: Indem Sie sich auf die wichtigsten 20 % Ihrer Aufgaben konzentrieren, können Sie 80 % Ihrer gewünschten Ergebnisse erzielen.

Um das Pareto-Prinzip auf das Zeitmanagement anzuwenden, ist es wichtig, die wichtigsten Aufgaben zu identifizieren, die den größten Einfluss auf Ihre Ziele haben werden. Dies sind oft die Aufgaben, die am meisten Zeit, Mühe oder Kreativität erfordern. Indem Sie diese Aufgaben priorisieren und sich zuerst auf sie konzentrieren, können Sie sicherstellen, dass Sie Ihre Zeit und Energie dort einsetzen, wo sie die größte Wirkung erzielen.

Eine andere Möglichkeit, das Pareto-Prinzip anzuwenden, besteht darin, die Aufgaben zu identifizieren, die die meiste Zeit in Anspruch nehmen, ohne einen signifikanten Mehrwert zu schaffen. Dies sind oft Aufgaben mit niedriger Priorität, die delegiert, automatisiert oder ganz eliminiert werden können. Indem Sie sich auf die Aufgaben konzentrieren, die den größten Nutzen bringen, und die Aufgaben eliminieren, die dies nicht tun, können Sie mehr Zeit und Energie freisetzen, um sich auf die Aufgaben zu konzentrieren, die wirklich wichtig sind.

Eine potenzielle Herausforderung des Pareto-Prinzips besteht darin, dass es schwierig sein kann, die wichtigsten Aufgaben zu bestimmen. Es ist wichtig, dass Sie sich die Zeit nehmen, über Ihre Ziele und Prioritäten nachzudenken und Feedback von anderen einzuholen, damit Sie die Aufgaben identifizieren können, die die größten Auswirkungen haben werden. Darüber hinaus ist es wichtig, flexibel und anpassungsfähig zu sein, da sich die Prioritäten im Laufe der Zeit verschieben können und eine Aufgabe, die früher eine hohe Priorität hatte, möglicherweise nicht mehr so wichtig ist.

Insgesamt kann das Pareto-Prinzip ein wertvolles Werkzeug für Zeitmanagement und Produktivität sein. Indem Sie sich auf die Aufgaben konzentrieren, die den größten Nutzen bringen, und die Aufgaben eliminieren, die dies nicht tun, können Sie Ihre Zeit optimal nutzen und Ihre Ziele effizienter erreichen.

PLANUNG UND ZEITBLOCKIERUNG

Planung und Zeitblockierung sind Techniken, bei denen bestimmte Zeitblöcke für bestimmte Aufgaben und Aktivitäten reserviert werden. Bei der Planung geht es darum, einen Kalender oder Zeitplan zu erstellen, der festlegt, wann Sie an verschiedenen Aufgaben und Aktivitäten arbeiten werden, während bei der Zeitblockierung bestimmte Zeitblöcke für bestimmte Aufgaben reserviert werden. Durch Planung und Zeitblockierung können Sie Ihre Zeit besser verwalten und Ihre Produktivität steigern.

TECHNIKEN ZUM ZEITBLOCKIEREN

Zeitblockierung ist eine Technik zur Verwaltung Ihrer Zeit, indem Sie bestimmte Zeitblöcke für bestimmte Aufgaben und Aktivitäten reservieren. Es ermöglicht Ihnen, große Arbeitspakete in kleinere erreichbare Teile zu unterteilen und jedem Stück Zeit zuzuweisen. Dadurch können Sie sich voll und ganz auf das Wesentliche konzentrieren. Einige Techniken zur Zeitblockierung umfassen:

Identifizieren Sie Ihre Prioritäten: Bevor Sie mit der Zeitblockierung beginnen, ist es wichtig, Ihre wichtigsten Aufgaben und Aktivitäten zu identifizieren. Dies sind die Aufgaben, denen die höchste Priorität eingeräumt werden sollte und die zuerst geplant werden sollten. Wir können die zuvor besprochenen Methoden verwenden, um Aufgaben wie die Eisenhover-Methode, die ABC-Methode usw. zu priorisieren

Bestimmen Sie die Länge Ihrer Zeitblöcke: Bestimmen Sie als Nächstes, wie lang Ihre Zeitblöcke sein sollen. Manche Menschen finden es hilfreich, kürzere Zeitblöcke einzuplanen, z. B. 30–60 Minuten, während andere längere Blöcke bevorzugen, z. B. 90–120 Minuten. Der Schlüssel ist, eine Länge zu finden, die für Sie am besten funktioniert und es Ihnen ermöglicht, konzentriert und produktiv zu bleiben.

Planen Sie Ihre Zeitblöcke: Sobald Sie Ihre Prioritäten identifiziert und die Länge Ihrer Zeitblöcke festgelegt haben, beginnen Sie mit der Planung Ihrer Zeit. Planen Sie unbedingt Zeit für Pausen und Erholung sowie Zeit für unerwartete Aufgaben oder Unterbrechungen ein.

Vermeiden Sie Multitasking: Versuchen Sie, sich während Ihrer Zeitblöcke auf jeweils eine Aufgabe zu konzentrieren. Vermeiden Sie Multitasking oder das Wechseln zwischen Aufgaben, da dies Ihre Produktivität verringern und es schwieriger machen kann, konzentriert zu bleiben.

Nach Bedarf anpassen: Wenn Sie mit der Zeitblockierung beginnen, stellen Sie möglicherweise fest, dass Sie Ihren Zeitplan oder Ihre Zeitblöcke anpassen müssen, um Ihre Bedürfnisse und Ziele besser zu erfüllen. Seien Sie flexibel und bereit, bei Bedarf Anpassungen vorzunehmen, um ein Zeitblockierungssystem zu finden, das für Sie am besten geeignet ist.

Zeitblockierung ist eine leistungsstarke Technik, um Ihre Zeit zu verwalten und Ihre Produktivität zu steigern. Indem Sie bestimmte Zeitblöcke für bestimmte Aufgaben und Aktivitäten reservieren, können Sie konzentriert und auf Kurs bleiben und das Beste aus Ihrem Tag machen.

DIE VORTEILE DER ERSTELLUNG EINES ZEITPLANS ODER KALENDERS

Das Erstellen eines Zeitplans oder Kalenders kann ein leistungsstarkes Tool zum Zeitmanagement und zur Steigerung der Produktivität sein. Zu den Vorteilen der Erstellung eines Zeitplans oder Kalenders gehören:

Bessere Organisation: Ein Zeitplan oder Kalender kann Ihnen helfen, organisiert zu bleiben, indem er einen klaren Überblick über Ihre Aufgaben und Aktivitäten bietet. Indem Sie Ihren Zeitplan und Kalender im Auge behalten, können Sie Doppelbuchungen oder das Vergessen wichtiger Aufgaben vermeiden.

Grössere Effizienz: Durch das Erstellen eines Zeitplans oder Kalenders können Sie effizienter arbeiten, indem Sie Ihre Zeit und Ressourcen sinnvoll einteilen. Indem Sie Ihre Aufgaben und Aktivitäten im Voraus planen, können Sie effizienter arbeiten und Ihre Ziele schneller erreichen.

Verbesserte Zielerreichung: Indem Sie einen Zeitplan oder Kalender erstellen, können Sie stetige Fortschritte beim Erreichen Ihrer Ziele machen. Indem Sie Fristen setzen und Ihre Ziele in kleinere Aufgaben aufteilen, können Sie Ihre Bemühungen konzentrieren und stetige Fortschritte machen, um das zu erreichen, was Sie wollen.

Verbessertes Zeitmanagement: Ein Zeitplan oder Kalender kann Ihnen helfen, Ihre Zeit besser zu verwalten, indem er festlegt, wann Sie an bestimmten Aufgaben und Aktivitäten arbeiten werden. Indem Sie einen klaren Plan haben, wie Sie Ihre Zeit einteilen, können Sie Zeitverschwendung vermeiden und auf Kurs bleiben.

Erhöhte Produktivität: Durch das Erstellen eines Zeitplans oder Kalenders können Sie produktiver sein, indem Sie sich zu bestimmten Zeiten auf bestimmte Aufgaben konzentrieren. Dies kann Ihnen helfen, Ablenkungen zu vermeiden und sich auf das zu konzentrieren, woran Sie gerade arbeiten, sodass Sie in kürzerer Zeit mehr erledigen können.

Das Erstellen eines Zeitplans oder Kalenders kann ein leistungsstarkes Werkzeug sein, um Ihre Zeit zu verwalten und Ihre Produktivität zu steigern. Indem Sie Ihre Aufgaben und Aktivitäten im Voraus skizzieren, können Sie organisiert, konzentriert und effizient bleiben und stetige Fortschritte beim Erreichen Ihrer Ziele machen.

WIE MAN STRUKTURIERTE UND FLEXIBLE ZEIT IN EINKLANG BRINGT

Die Balance zwischen strukturierter und flexibler Zeit kann ein effektiver Weg sein, Ihre Zeit zu verwalten und Ihre Produktivität zu steigern. Strukturierte Zeit bezieht sich auf die Zeitblöcke, die Sie für bestimmte Aufgaben und Aktivitäten eingeplant haben, während sich flexible Zeit auf die Zeitblöcke bezieht, die Sie für unerwartete Aufgaben oder Unterbrechungen zur Verfügung haben. Einige Tipps für die Balance zwischen strukturierter und flexibler Zeit sind:

Identifizieren Sie Ihre Prioritäten: Bevor Sie beginnen, Ihre strukturierte und flexible Zeit in Einklang zu bringen, ist es wichtig, Ihre wichtigsten Aufgaben und Aktivitäten zu identifizieren. Dies sind die Aufgaben, denen die höchste Priorität eingeräumt werden sollte und die zuerst geplant werden sollten.

Planen Sie Ihre strukturierte Zeit ein: Sobald Sie Ihre Prioritäten identifiziert haben, beginnen Sie mit der Planung Ihrer strukturierten Zeit. Dies kann Zeitblöcke für bestimmte Aufgaben, Besprechungen und Termine umfassen. Achten Sie auch darauf, Pausen und Ruhepausen in Ihren Zeitplan einzubauen.

Lassen Sie Raum für Flexibilität: Während es wichtig ist, einen strukturierten Zeitplan zu haben, ist es auch wichtig, Raum für Flexibilität zu lassen. Dies kann Zeitblöcke für unerwartete Aufgaben oder Unterbrechungen oder Zeit für Ruhe und Entspannung umfassen.

Seien Sie bereit, Ihren Zeitplan anzupassen: Wenn Sie beginnen, Ihre strukturierte und flexible Zeit in Einklang zu bringen, stellen Sie möglicherweise fest, dass Sie Ihren Zeitplan anpassen müssen, um Ihre Bedürfnisse und Ziele besser zu erfüllen. Seien Sie flexibel und bereit, bei Bedarf Anpassungen vorzunehmen, um eine Balance zu finden, die für Sie am besten funktioniert.

Grenzen setzen: Um Ihre strukturierte und flexible Zeit effektiv in Einklang zu bringen, ist es wichtig, Grenzen zu setzen und Ihre

Zeit zu schützen. Dies kann bedeuten, dass Sie zu unwesentlichen Aufgaben Nein sagen oder die Zeit, die Sie für bestimmte Aktivitäten aufwenden, einschränken.

Die Balance zwischen strukturierter und flexibler Zeit kann ein effektiver Weg sein, Ihre Zeit zu verwalten und Ihre Produktivität zu steigern. Indem Sie Zeitblöcke für bestimmte Aufgaben und Aktivitäten einplanen und Raum für Flexibilität und unerwartete Aufgaben lassen, können Sie eine Balance finden, die am besten zu Ihnen und Ihren Zielen passt.

AUFSCHUB ÜBERWINDEN

Wenn Sie hier angekommen sind, wissen Sie sicher, was Prokrastination ist. Ich wollte früher über Prokrastination schreiben, aber ich habe es nur verschoben

Prokrastination kann durch eine Vielzahl von Faktoren verursacht werden, wie z. B. mangelnde Motivation, Schwierigkeiten beim Zeitmanagement oder Versagensängste. Es ist nicht die einfachste Sache, darüber hinwegzukommen, und der erste Schritt, um darüber hinwegzukommen, besteht darin, einfach nett zu sich selbst zu sein. Wir wissen, dass Aufschieben die Produktivität verringert und den Stress erhöht.

Wir werden zuerst die Ursache des Aufschiebens verstehen und dann, wie wir sie überwinden können.

WAS VERURSACHT AUFSCHUB?

Es gibt mehrere Gründe, warum wir zögern, obwohl der Hauptgrund Perfektionismus ist.

Perfektionismus

Das mag jetzt kontraintuitiv erscheinen. Wie kann der Versuch, Ihre Arbeit gut zu machen, dazu führen, dass Sie Ihre Arbeit nicht erledigen können?! Deshalb ist es wichtig, Perfektionismus zu verstehen. Perfektionismus ist nicht nur die Tendenz, seine Arbeit gut zu machen, sondern auch die Tendenz, hohe Anforderungen an sich selbst und andere zu stellen und nach Fehlerfreiheit in der eigenen Arbeit zu streben. Die extrem hohen Standards sind fast unerreichbar und zwingen Sie dazu, die Aufgabe einfach aufzugeben.

Einer der Wege, wie Perfektionismus zu Aufschub führt, ist die Angst vor dem Scheitern. Wir stellen so hohe Anforderungen an uns selbst, dass wir das Gefühl haben, dass wir eine Aufgabe erst beginnen können, wenn wir sicher sind, dass wir sie perfekt abschließen können. Dies führt zu einem Widerwillen, mit der Aufgabe zu beginnen, sowie zu längeren Phasen des Aufschiebens. Außerdem konzentrieren wir uns möglicherweise so sehr auf kleine Details, dass wir das Gesamtbild aus den Augen verlieren, was dazu führt, dass wir feststecken oder überwältigt werden.

Perfektionismus kann auch zu Aufschub führen, da er dazu neigt, zu viel nachzudenken oder zu analysieren. Wir sind oft sehr selbstkritisch und verbringen zu viel Zeit damit, darüber nachzudenken, wie wir scheitern könnten oder was wir tun müssen, um erfolgreich zu sein. Dies kann zu einer Lähmung der Analyse führen oder zu einer Situation, in der wir von Optionen oder Möglichkeiten so überwältigt werden, dass wir nicht in der Lage sind, Maßnahmen zu ergreifen.

Schließlich kann Perfektionismus durch die Tendenz, Aufgaben zu vermeiden, die als langweilig oder unwichtig empfunden werden, zu Aufschub führen. Wir können Aufgaben priorisieren, die herausfordernder oder interessanter sind, auch wenn es sich nicht um die wichtigsten oder zeitkritischsten Aufgaben handelt. Dies kann dazu führen, dass weniger interessante Aufgaben aufgeschoben, bis zur letzten Minute verschoben oder sogar ganz ignoriert werden.

Angst vor dem Scheitern

Die Angst vor dem Scheitern kann eine der Hauptursachen für Prokrastination sein. Wenn wir befürchten, dass wir eine Aufgabe nicht so gut wie möglich erledigen können oder dass wir in irgendeiner Weise scheitern könnten, kann es verlockend sein, die Aufgabe ganz aufzuschieben. Diese Angst kann besonders stark sein, wenn wir unser Selbstwertgefühl an das Ergebnis der Aufgabe knüpfen oder wenn wir glauben, dass andere uns aufgrund unserer Leistung beurteilen werden.

Die Angst vor dem Scheitern kann einen Teufelskreis des Aufschiebens auslösen. Wenn wir die Arbeit an der Aufgabe hinauszögern, rückt die Deadline näher und der Leistungsdruck steigt, was zu noch mehr Angst und Angst führen kann. Dies wiederum kann dazu führen, dass wir die Aufgabe noch mehr vermeiden, was zu noch mehr Stress und Angst führt.

Perfektionismus und Versagensängste gehen oft Hand in Hand. Wenn wir hohe Ansprüche an uns selbst stellen und befürchten, diese nicht zu erfüllen, kann es leicht passieren, dass wir in einem Kreislauf des Aufschiebens stecken bleiben. Dies liegt daran, dass wir vielleicht das Gefühl haben, dass es sich überhaupt nicht lohnt, etwas zu tun, wenn wir es nicht perfekt machen können. In Wirklichkeit erfordern die meisten Aufgaben jedoch keine Perfektion, und manchmal ist es besser, eine Aufgabe unvollkommen zu erledigen, als sie überhaupt nicht zu erledigen.

Um die Angst vor dem Scheitern zu überwinden und Aufschub zu vermeiden, kann es hilfreich sein, unsere Gedanken neu zu ordnen und sich auf Fortschritt statt auf Perfektion zu konzentrieren. Anstatt nach Perfektion zu streben, können wir uns realistischere Ziele setzen und uns darauf konzentrieren, Fortschritte bei der Erreichung dieser Ziele zu erzielen. Wir können auch unsere negativen Gedanken hinterfragen und uns daran erinnern, dass Fehler zu machen und Rückschläge zu erleben ein natürlicher Teil des Lernprozesses ist. Darüber hinaus können wir versuchen, eine Wachstumsmentalität zu kultivieren, bei der wir Herausforderungen als Gelegenheiten für Wachstum und Lernen sehen und nicht als Bedrohung unseres Selbstwertgefühls. Indem wir unsere Denkweise ändern und uns auf Fortschritt anstatt auf Perfektion konzentrieren, können wir die Angst vor dem Scheitern überwinden und den Kreislauf des Aufschiebens durchbrechen.

Geringe Selbstachtung

Ein geringes Selbstwertgefühl kann auch ein Faktor sein, der zum Aufschieben beiträgt. Menschen, die mit geringem Selbstwertgefühl zu kämpfen haben, glauben möglicherweise, dass sie ihre Ziele nicht erreichen können, und fühlen sich möglicherweise überfordert oder ängstlich, neue Aufgaben oder Verantwortungen zu übernehmen. Dies kann zu einem Mangel an Motivation und einer Tendenz führen, Dinge aufzuschieben, da sie das Gefühl haben, dass es wenig Sinn macht, es zu versuchen, wenn sie glauben, dass sie letztendlich scheitern werden.

Ein geringes Selbstwertgefühl kann es den Menschen auch erschweren, um Hilfe oder Unterstützung zu bitten, was Stress- und Angstgefühle verstärken und zu weiterem Aufschieben führen kann. In einigen Fällen können Menschen mit geringem Selbstwertgefühl auch mit Perfektionismus kämpfen, da sie das Gefühl haben, Aufgaben fehlerfrei erledigen zu müssen, um ihren Wert zu beweisen oder Kritik zu vermeiden.

Um das durch geringes Selbstwertgefühl verursachte Aufschieben zu überwinden, ist es wichtig, daran zu arbeiten, Selbstvertrauen und Selbstwirksamkeit aufzubauen. Dies kann beinhalten, sich kleine, erreichbare Ziele zu setzen und die Schwierigkeit der Aufgaben schrittweise zu erhöhen, wenn Sie sich wohler und sicherer fühlen. Es kann auch beinhalten, Unterstützung und Ermutigung von anderen zu suchen, sei es durch die Zusammenarbeit mit einem Mentor oder Coach oder durch das Einholen von Feedback von Kollegen oder Freunden

STRATEGIEN ZUR ÜBERWINDUNG VON PROKRASTINATION

Prokrastination kann unglaublich schwer zu überwinden sein, wenn auch nicht unmöglich. Mal sehen, wie wir darüber hinwegkommen. Hier sind einige Möglichkeiten, wie wir vorgehen können.

Identifizieren Sie die zugrunde liegenden Ursachen: Die Gründe zu verstehen, warum Sie zögern, kann ein wichtiger erster Schritt sein, um diese Tendenz zu überwinden. Es könnte hilfreich sein, darüber nachzudenken, was Ihr Aufschieben auslöst und was Sie zu vermeiden oder zu gewinnen versuchen, indem Sie Aufgaben aufschieben.

Setzen Sie klare Ziele und Prioritäten: Eine klare Vorstellung von Ihren Zielen und Prioritäten zu haben, kann Ihnen helfen, konzentriert und motiviert zu bleiben und die Versuchung zu verzögern, zu zögern. Teilen Sie Ihre Ziele in kleinere, überschaubarere Aufgaben auf und priorisieren Sie sie nach Wichtigkeit und Dringlichkeit.

Teilen Sie Aufgaben in kleinere Schritte auf: Große, komplexe Aufgaben können einschüchternd sein und zu Verzögerungen führen. Um dies zu überwinden, versuchen Sie, Aufgaben in kleinere, überschaubarere Schritte zu unterteilen. Dies kann Ihnen helfen, sich besser unter Kontrolle zu fühlen und leichter Fortschritte zu machen.

Verwenden Sie Zeitplanung und Zeitblockierung: Zeitplanung und Zeitblockierung können hilfreiche Tools sein, um Ihre Zeit zu verwalten und auf Kurs zu bleiben. Planen Sie bestimmte Zeitblöcke für bestimmte Aufgaben ein und versuchen Sie, Multitasking oder das Wechseln zwischen Aufgaben zu vermeiden.

Rechenschaft finden: Jemanden zu haben, der Sie für Ihre Handlungen zur Rechenschaft zieht, kann ein starker Motivator sein. Erwägen Sie die Suche nach einem Rechenschaftspartner oder treten Sie einer Gruppe oder Gemeinschaft bei, die Sie unterstützen und ermutigen kann.

Prokrastination erfordert eine Kombination aus Selbstbewusstsein, Zielsetzung und Zeitmanagementfähigkeiten. Indem Sie die zugrunde liegenden Ursachen Ihres Aufschiebens identifizieren, klare Ziele und Prioritäten setzen, Aufgaben in kleinere Schritte unterteilen und Tools wie Zeitplanung und Zeitblockierung verwenden, können Sie diese Tendenz überwinden und produktiver sein.

ABLENKUNGEN MANAGEN UND EFFIZIENZ STEIGERN

ABLENKUNGEN MANAGEN

Wir alle wollen Ablenkungen reduzieren und produktiver sein, obwohl wir manchmal abgelenkt werden und erst viel später merken, dass wir abgelenkt waren. Wir werden eines Tages nicht alle unsere Ablenkungssünden los, aber wir können damit beginnen, sie zu identifizieren und dann daran arbeiten, sie schrittweise zu reduzieren.

Es gibt viele verschiedene Quellen für Ablenkungen und Unterbrechungen, die je nach Umgebung, Arbeitsstil und persönlichen Vorlieben variieren können. Einige häufige Ursachen für Ablenkungen und Unterbrechungen sind:

Benachrichtigungen: Benachrichtigungen von E-Mails, sozialen Medien oder anderen Apps können große Quellen der Ablenkung sein. Diese Benachrichtigungen können Ihre Aufmerksamkeit von Ihrer Arbeit ablenken und es Ihnen erschweren, sich zu konzentrieren.

Das Problem mit Benachrichtigungen ist, dass sie darauf ausgelegt sind, unsere Aufmerksamkeit zu erregen und eine sofortige Reaktion zu verlangen. Jedes Mal, wenn wir eine Benachrichtigung erhalten, wird unser Gehirn von der anstehenden Aufgabe abgelenkt, und es erfordert Zeit und geistige Anstrengung, unsere Aufmerksamkeit neu zu fokussieren und unsere Arbeit wieder aufzunehmen. Selbst wenn wir uns dafür entscheiden, die Benachrichtigung zu ignorieren, kann das bloße Vorhandensein des Alarms ein Gefühl der Vorfreude und Angst erzeugen, das uns weiter ablenken und unsere

Produktivität verringern kann.

Darüber hinaus können Benachrichtigungen die Dopamin-Reaktion in unserem Gehirn auslösen, die dieselbe chemische Reaktion ist, die mit Vergnügen und Belohnung verbunden ist. Dies kann eine Rückkopplungsschleife erzeugen, die unseren Wunsch verstärkt, unsere Geräte zu überprüfen und auf Benachrichtigungen zu reagieren, selbst wenn sie nicht unbedingt erforderlich oder dringend sind.

Um die Auswirkungen von Benachrichtigungen auf unsere Produktivität zu minimieren, ist es wichtig, unwichtige Benachrichtigungen auf unseren Geräten zu deaktivieren oder zu reduzieren. Gehen Sie dazu in die Einstellungen jeder App und passen Sie die Benachrichtigungseinstellungen an. Es kann auch hilfreich sein, bestimmte Zeiten zum Abrufen von E-Mails, sozialen Medien und anderen Benachrichtigungen festzulegen, anstatt ihnen zu erlauben, unsere Arbeit den ganzen Tag über zu unterbrechen.

Eine weitere Option ist die Verwendung von Softwaretools, die beim Verwalten von Benachrichtigungen und beim Reduzieren von Ablenkungen helfen können, z. B. Fokus- oder Produktivitäts-Apps. Diese Apps können bestimmte Arten von Benachrichtigungen während bestimmter Zeiträume blockieren oder Erinnerungen bereitstellen, um Pausen einzulegen und sich auf die anstehende Aufgabe zu konzentrieren.

Nur indem wir auf unsere Benachrichtigungseinstellungen achten und Strategien zu deren Verwaltung entwickeln, können wir Ablenkungen reduzieren und unsere Fähigkeit verbessern, uns auf die wichtigen Aufgaben in unserem Leben zu konzentrieren.

Unterbrechungen durch andere: Unterbrechungen durch andere können eine erhebliche Ablenkungsquelle sein, insbesondere am Arbeitsplatz. Diese Unterbrechungen können in Form eines Kollegen auftreten, der an Ihrem Schreibtisch vorbeischaut, um sich zu unterhalten, ein Telefonanruf oder eine E-Mail-Benachrichtigung. Sie können dazu führen, dass Sie die Konzentration und den Schwung für die Aufgabe verlieren, an der Sie gearbeitet haben, was zu geringerer Produktivität und erhöhtem Stress führen kann.

Einer der Gründe, warum Unterbrechungen durch andere so ablenkend sein können, ist, dass Sie Ihre Aufmerksamkeit von dem ablenken müssen, was Sie gerade tun, und sich wieder auf die Unterbrechung konzentrieren. Dies kann eine erhebliche Menge an mentaler Anstrengung erfordern, insbesondere wenn die Unterbrechung unerwartet ist oder Sie die Aufgabe vollständig wechseln müssen. Es kann auch einige Zeit dauern, bis Sie wieder in den Fluss dessen zurückfinden, woran Sie vor der Unterbrechung gearbeitet haben, was Ihre Produktivität weiter verringert.

Darüber hinaus können Unterbrechungen durch andere zu einem Gefühl der Überforderung oder Überlastung mit der Arbeit führen. Wenn Sie den ganzen Tag über ständig unterbrochen werden, kann es schwierig sein, bei Ihren wichtigsten Aufgaben voranzukommen, was zu einem Gefühl des Rückstands oder der Überforderung führen kann.

Um Unterbrechungen durch andere zu minimieren, kann es hilfreich sein, klare Grenzen zu setzen und diese effektiv zu kommunizieren. Sie könnten beispielsweise Ihren Kollegen mitteilen, dass Sie an einem wichtigen Projekt arbeiten und nicht unterbrochen werden möchten, es sei denn, es ist dringend. Sie können auch bestimmte Tageszeiten einplanen, zu denen Sie für Besprechungen oder Gespräche verfügbar sind, und Ihre Kollegen dazu ermutigen, diese Zeiten zu respektieren.

Eine weitere effektive Strategie besteht darin, sich für Unterbrechungen weniger verfügbar zu machen, indem man die Bürotür schließt oder Kopfhörer mit Geräuschunterdrückung aufsetzt. Dies signalisiert anderen, dass Sie konzentriert sind und nicht unterbrochen werden sollten, es sei denn, es ist absolut notwendig.

Schließlich ist es wichtig, Ihre Arbeitslast proaktiv zu verwalten und Prioritäten zu setzen. Indem Sie Ihre wichtigsten Aufgaben priorisieren und zuerst an ihnen arbeiten, können Sie die Wahrscheinlichkeit verringern, in kritischen Arbeitsphasen unterbrochen zu werden. Darüber hinaus können Sie durch das Setzen realistischer Erwartungen gegenüber Kollegen und Stakeholdern den Druck reduzieren, ständig verfügbar und reaktionsschnell zu sein, was dazu beitragen kann, Unterbrechungen und Ablenkungen zu reduzieren.

Lärm und Ablenkungen in Ihrer Umgebung: Lärm und andere Ablenkungen in Ihrer Umgebung können eine erhebliche Ablenkungsquelle darstellen, die Ihre Konzentration stören und Ihre Produktivität beeinträchtigen kann. Außengeräusche wie Verkehr, Baustellen oder Gespräche können besonders störend sein, wenn Sie versuchen, sich auf eine Aufgabe zu konzentrieren. Neben Lärm können auch andere visuelle Ablenkungen in Ihrer Umgebung problematisch sein, z. B. überladene oder unorganisierte Arbeitsplätze, häufige Bewegungen oder Aktivitäten um Sie herum oder sogar Benachrichtigungen von Ihren Geräten.

Diese Ablenkungen können zu einem Phänomen führen, das als „Aufmerksamkeitsrest" bekannt ist, bei dem sich Ihr Geist auch nach Abschluss der vorherigen Aufgabe weiterhin auf die vorherige Aufgabe konzentriert und Sie daran hindert, sich vollständig auf Ihre aktuelle Aufgabe einzulassen. Dies kann zu verminderter Leistungsfähigkeit und erhöhtem Stress führen.

Um die Auswirkungen von Lärm und Ablenkungen in Ihrer Umgebung zu minimieren, können Sie einige Strategien ausprobieren. Ein Ansatz besteht darin, zu versuchen, Ihre Umgebung so weit wie möglich zu kontrollieren. Dies kann bedeuten, dass Sie einen ruhigeren Ort zum Arbeiten suchen, z. B. ein privates Büro oder eine Bibliothek. Sie können auch versuchen, Kopfhörer mit Geräuschunterdrückung zu tragen oder Apps zu verwenden, die weißes Rauschen oder andere beruhigende Geräusche erzeugen, um externe Geräusche zu überdecken.

Ein weiterer Ansatz besteht darin, Achtsamkeit zu üben und im Moment präsent zu bleiben. Dazu gehört, das Vorhandensein externer Ablenkungen anzuerkennen, ohne zuzulassen, dass sie Ihre Aufmerksamkeit auf sich ziehen oder Sie von Ihrer aktuellen Aufgabe ablenken. Achtsamkeitsübungen wie tiefes Atmen, Meditation oder Visualisierung können Ihnen helfen, Ihren Geist zu trainieren, sich effektiver zu konzentrieren und externe Ablenkungen herauszufiltern.

Schließlich können Sie versuchen, eine ablenkungsfreie Umgebung zu schaffen, indem Sie potenzielle Ablenkungs- oder Unterbrechungsquellen entfernen. Dies kann das Deaktivieren von Benachrichtigungen auf Ihren Geräten, das Schalten Ihres Telefons auf lautlos oder in einen separaten Raum und das Einschränken Ihres Zugriffs auf soziale Medien oder andere ablenkende Websites während der Arbeit umfassen. Indem Sie eine ablenkungsfreie Umgebung schaffen und Achtsamkeit üben, können Sie Ihre Konzentrationsfähigkeit verbessern und Ihre Produktivität steigern.

Persönliche Gewohnheiten und Neigungen: Persönliche Gewohnheiten und Neigungen können auf verschiedene Weise zu Ablenkungen führen. Beispielsweise neigen manche Menschen zu Multitasking, was zu einer verminderten Produktivität und Detailgenauigkeit führen kann. Während einige Leute glauben, dass Multitasking ein effektiver Weg ist, um mehr in kürzerer Zeit zu erledigen, hat die Forschung gezeigt, dass es die Produktivität tatsächlich um bis zu 40 % verringern kann.

Darüber hinaus neigen manche Menschen dazu, aufzuschieben, was zu einem Mangel an Motivation und Konzentration führen kann. Aufschieben kann auch Stress und Angst verursachen, die Sie weiter von der anstehenden Aufgabe ablenken können. Andere persönliche Gewohnheiten, die zu Ablenkungen führen können, sind Perfektionismus, der dazu führen kann, dass man zu viel Zeit mit einer Aufgabe verbringt, und Impulsivität, die zu Ablenkungen von impulsivem Verhalten führen kann.

Darüber hinaus können auch persönliche Ablenkungen wie Hunger, Müdigkeit und körperliche Beschwerden Ihre Konzentrationsfähigkeit und Konzentrationsfähigkeit beeinträchtigen. Wenn Sie beispielsweise hungrig oder durstig sind, fällt es Ihnen möglicherweise schwer, sich auf eine Aufgabe zu konzentrieren, da Ihr Geist möglicherweise mit Gedanken an Essen oder Trinken beschäftigt ist. Wenn Sie unter körperlichen Beschwerden oder Schmerzen wie Kopf- oder Rückenschmerzen leiden, kann es ebenfalls schwierig sein, sich auf Ihre Arbeit zu konzentrieren.

Es ist wichtig, Ihre eigenen persönlichen Gewohnheiten und Neigungen zu identifizieren, die Ablenkungen verursachen können, damit Sie Maßnahmen ergreifen können, um sie zu mildern. Wenn Sie beispielsweise dazu neigen, Aufgaben aufzuschieben, können Sie versuchen, Aufgaben in kleinere, überschaubarere Schritte zu unterteilen und für jeden Schritt bestimmte Fristen festzulegen. Wenn Sie zu Multitasking neigen, versuchen Sie, sich auf jeweils eine Aufgabe zu konzentrieren und Ablenkungen in Ihrer Umgebung zu minimieren. Wenn Sie sich leicht durch körperliche Beschwerden ablenken lassen, vergewissern Sie sich, dass Sie sich wohl fühlen, bevor Sie mit einer Aufgabe beginnen, und machen Sie nach Bedarf Pausen, um sich zu dehnen und zu bewegen.

Das Verständnis Ihrer persönlichen Gewohnheiten und Tendenzen, die Ablenkungen verursachen können, ist ein wichtiger Schritt zur Verbesserung Ihrer Fähigkeit, sich zu konzentrieren und produktiv zu sein. Indem Sie Maßnahmen ergreifen, um diese Ablenkungen zu mindern, können Sie Ihre Arbeitsleistung verbessern und Ihre Ziele effizienter erreichen.

Es gibt viele verschiedene Quellen für Ablenkungen und Unterbrechungen, und es kann hilfreich sein, die spezifischen Ablenkungen und Unterbrechungen zu identifizieren, die Ihre Produktivität beeinträchtigen. Sobald Sie wissen, was Ihre Ablenkungen und Unterbrechungen verursacht, können Sie Maßnahmen ergreifen, um sie zu minimieren oder zu beseitigen und Ihre Konzentration und Produktivität zu verbessern.

STRATEGIEN ZUR MINIMIERUNG VON ABLENKUNGEN

Nachdem wir nun die Arten von Ablenkungen verstanden haben, denen wir tagtäglich ausgesetzt sind, wollen wir uns überlegen, wie wir diese Ablenkungen reduzieren können. Hier sind einige Strategien zur Minimierung von Ablenkungen:

Grenzen setzen: Um Ablenkungen zu minimieren, kann es hilfreich sein, Grenzen zu setzen und Ihre Zeit zu schützen. Dies kann bedeuten, dass Sie bestimmte Zeitblöcke für konzentriertes Arbeiten reservieren oder Benachrichtigungen während dieser Zeiten deaktivieren. Das Setzen von Grenzen kann Ihnen helfen, Ablenkungen zu reduzieren und Ihre Produktivität zu steigern. Hier sind einige Schritte, die Sie unternehmen können, um Grenzen zu setzen:

Identifizieren Sie Ihre Prioritäten und kommunizieren Sie: Zu wissen, was Ihnen am wichtigsten ist, wird Ihnen helfen, Grenzen zu setzen, die mit Ihren Zielen und Werten übereinstimmen. Lassen Sie andere wissen, wo Ihre Grenzen liegen und warum sie Ihnen wichtig sind. Dies kann höflich und respektvoll geschehen.

Sei konsequent: Sobald Sie Ihre Grenzen gesetzt haben, setzen Sie sie konsequent durch. Das hilft anderen, sie ernst zu nehmen.

Nein sagen: Lernen Sie, Anfragen oder Aufgaben abzulehnen, die nicht Ihren Prioritäten entsprechen oder die Ihre Grenzen überschreiten würden.

Nutzen Sie Technologie zu Ihrem Vorteil: Sie können mithilfe von Technologie Grenzen setzen, z. B. Benachrichtigungen zu bestimmten Tageszeiten deaktivieren oder Apps verwenden, die bestimmte Websites oder Apps während der Arbeitszeit blockieren.

Pausen machen: Regelmäßige Pausen können Ihnen helfen, neue Energie zu tanken und sich neu zu konzentrieren, was letztendlich Ihre Produktivität steigern und Ihnen helfen kann, Ablenkungen zu vermeiden.

Denken Sie daran, dass das Setzen von Grenzen nicht egoistisch ist, sondern eine Möglichkeit, Ihre Zeit und Energie zu schützen, damit Sie in Ihrer Arbeit und Ihrem Privatleben effektiver sein können.

Verwenden Sie Tools, um Ablenkungen zu blockieren: Es gibt eine Vielzahl von Tools und Software, die Ihnen helfen können, Ablenkungen zu blockieren und konzentriert zu bleiben. Es gibt verschiedene Werkzeuge und Techniken, die verwendet werden können, um Ablenkungen zu minimieren und die Konzentration zu erhöhen. Hier sind einige Beispiele:

Noise-Cancelling-Kopfhörer: Diese Kopfhörer verwenden eine Technologie, um externe Geräusche zu unterdrücken und eine friedlichere Umgebung zu schaffen. Sie mögen auf den ersten Blick sehr teuer erscheinen, aber die Ruhe, die sie bieten, ist von unschätzbarem Wert.

Produktivitäts-Apps: Es gibt viele Produktivitäts-Apps, die Ihnen helfen können, bei der Arbeit zu bleiben und Ablenkungen zu minimieren. Einige beliebte Optionen sind RescueTime, Forest und Focus@Will.

Browsererweiterungen: Es gibt mehrere Browsererweiterungen, die dabei helfen können, ablenkende Websites und Social-Media-Plattformen zu blockieren. Beispiele sind StayFocusd und Freedom.

Zeitmanagement-Software: Zeitmanagement-Software kann Ihnen helfen, Ihre Zeit zu verfolgen und sich auf Ihre Aufgaben zu konzentrieren. Beispiele sind Toggl und Harvest.

Tools zur Aufgabenverwaltung: Diese Tools können Ihnen helfen, organisiert und konzentriert zu bleiben, indem Sie Ihre To-Do-Liste und Prioritäten im Auge behalten. Beispiele sind Todoist und Trello.

Physische Barrieren:Das Aufstellen physischer Barrieren kann helfen, Ablenkungen zu reduzieren. Schließen Sie beispielsweise die Tür zu Ihrem Büro oder verwenden Sie einen Raumteiler, um Lärm und visuelle Ablenkungen auszublenden.

Es ist wichtig zu beachten, dass verschiedene Tools und Techniken für verschiedene Menschen funktionieren, und es ist wichtig zu experimentieren, um herauszufinden, was für Sie am besten funktioniert. Während Tools und Techniken dazu beitragen können, Ablenkungen zu minimieren, ist es außerdem wichtig, die eigentlichen Ursachen der Ablenkung anzugehen, wie z. B. persönliche Gewohnheiten und Neigungen, um eine langfristige Verbesserung der Konzentration und Produktivität zu erreichen.

Schaffen Sie eine ablenkungsfreie Umgebung: Ihre physische Umgebung kann auch eine Quelle der Ablenkung sein. Um Ablenkungen zu minimieren, versuchen Sie, einen sauberen, organisierten und ruhigen Arbeitsplatz zu schaffen. Dies kann bedeuten, einen ruhigen Ort zum Arbeiten zu finden oder geräuschunterdrückende Kopfhörer zu verwenden, um Geräusche auszublenden.

Vermeiden Sie Multitasking: Multitasking kann eine große Quelle der Ablenkung sein, da es ständig zwischen verschiedenen Aufgaben und Kontexten wechseln muss. Um Ablenkungen zu minimieren, versuchen Sie, sich jeweils auf eine Aufgabe zu konzentrieren, und vermeiden Sie es, zwischen Aufgaben zu wechseln, es sei denn, es ist absolut notwendig.

Mit anderen kommunizieren: Wenn Unterbrechungen durch andere Personen eine große Quelle der Ablenkung sind, kann es hilfreich sein, Ihre Bedürfnisse und Grenzen zu kommunizieren. Dies kann bedeuten, dass Sie andere wissen lassen, wenn Sie nicht verfügbar sind, oder bestimmte Zeiten für Besprechungen oder Gespräche festlegen.

Die Minimierung von Ablenkungen erfordert eine Kombination aus Selbstbewusstsein, Grenzen setzen und Zeitmanagementfähigkeiten. Indem Sie Ihre Ablenkungen identifizieren, Grenzen setzen, Tools zum Blockieren von Ablenkungen verwenden, eine ablenkungsfreie Umgebung schaffen, Multitasking vermeiden und mit anderen kommunizieren, können Sie die Auswirkungen von Ablenkungen minimieren und sich auf das konzentrieren, was Sie erledigen müssen.

STEIGERUNG VON EFFIZIENZ UND PRODUKTIVITÄT

Bei der Steigerung von Effizienz und Produktivität geht es darum, Ihre Leistung zu maximieren und in kürzerer Zeit mehr zu erledigen. Hier sind einige Strategien zur Steigerung von Effizienz und Produktivität:

Identifizieren Sie Ihre Ziele: Um Ihre Effizienz und Produktivität zu steigern, ist es wichtig zu wissen, worauf Sie hinarbeiten. Definieren Sie Ihre Ziele und Prioritäten klar und verwenden Sie sie als Leitfaden für die Einteilung Ihrer Zeit und Ressourcen.

Teilen Sie Aufgaben in kleinere Schritte auf: Große, komplexe Aufgaben können überwältigend sein und zu Verzögerungen führen. Um Ihre Effizienz zu steigern, versuchen Sie, Aufgaben in kleinere, überschaubarere Schritte zu unterteilen. Dies kann Ihnen helfen, sich besser unter Kontrolle zu fühlen und leichter Fortschritte zu machen.

Verwenden Sie Zeitplanung und Zeitblockierung: Zeitplanung und Zeitblockierung können hilfreiche Tools sein, um Ihre Zeit zu verwalten und auf Kurs zu bleiben. Planen Sie bestimmte Zeitblöcke für bestimmte Aufgaben ein und versuchen Sie, Multitasking oder das Wechseln zwischen Aufgaben zu vermeiden.

Minimieren Sie Ablenkungen und Unterbrechungen: Ablenkungen und Unterbrechungen können große Herausforderungen sein, wenn es darum geht, Ihre Effizienz und Produktivität zu steigern. Um diese Ablenkungen zu minimieren, versuchen Sie, Grenzen zu setzen, Tools zu verwenden, um Ablenkungen zu blockieren, eine ablenkungsfreie Umgebung zu schaffen und Multitasking zu vermeiden.

Machen Sie Pausen und priorisieren Sie die Selbstfürsorge: Es ist wichtig, Pausen einzulegen und der Selbstpflege Vorrang einzuräumen, um Energie und Konzentration zu bewahren. Regelmäßige Pausen können Ihnen helfen, neue Energie zu tanken und sich neu zu konzentrieren, und die Pflege Ihrer körperlichen und geistigen Gesundheit kann Ihnen helfen, insgesamt produktiver zu sein.

Kontinuierlich bewerten und verbessern: Um Ihre Effizienz und Produktivität zu steigern, ist es wichtig, Ihre Arbeitsprozesse kontinuierlich zu bewerten und zu verbessern. Dies kann das Einholen von Feedback von anderen, das Experimentieren mit verschiedenen Ansätzen oder das Erlernen neuer Fähigkeiten und Werkzeuge beinhalten.

OPTIMIEREN VON AUFGABEN UND ARBEITSABLÄUFEN

Bei der Optimierung von Aufgaben und Arbeitsabläufen geht es darum, Wege zu finden, effizienter und effektiver zu arbeiten und unnötige Schritte oder Engpässe in Ihrem Prozess zu reduzieren. Hier sind einige Techniken zur Rationalisierung von Aufgaben und Arbeitsabläufen:

Engpässe erkennen: Das Identifizieren von Engpässen in Ihrem Workflow kann hilfreich sein, um Bereiche zu lokalisieren, in denen Sie die Effizienz und Produktivität verbessern können. Hier sind einige Schritte, die Sie unternehmen können, um Engpässe zu identifizieren und Ihre Aufgaben zu rationalisieren:

Identifizieren Sie die Prozesse: Beginnen Sie damit, alle an der Aufgabe oder dem Projekt beteiligten Prozesse abzubilden. Dies kann beinhalten, die Aufgabe in kleinere Schritte oder Teilaufgaben zu unterteilen. Sobald Sie den gesamten Prozess genau verstanden haben, können Sie damit beginnen, die Engpässe zu identifizieren.

Analysieren Sie jeden Schritt: Schauen Sie sich jeden Schritt im Prozess genauer an und identifizieren Sie alle Schritte, die länger dauern als sie sollten. Dies kann verschiedene Gründe haben, wie z. B. Mangel an Ressourcen, schlechte Kommunikation oder mangelndes Verständnis des Prozesses.

Priorisieren Sie die Engpässe: Sobald Sie die Engpässe identifiziert haben, priorisieren Sie sie basierend auf ihren Auswirkungen auf den Gesamtprozess. Einige Engpässe können kritischer sein als andere, daher ist es wichtig, sich auf diejenigen zu konzentrieren, die den größten Einfluss auf den Prozess haben.

Lösungen entwickeln: Nachdem Sie die Engpässe priorisiert haben, entwickeln Sie mögliche Lösungen für jeden Engpass. Dies kann beinhalten, bestimmten Schritten zusätzliche Ressourcen zuzuweisen, die Kommunikation zu verbessern oder bestimmte Prozesse zu rationalisieren.

Testen Sie die Lösungen: Sobald Sie Lösungen entwickelt haben, testen Sie sie, um zu sehen, ob sie effektiv sind. Dies kann die Implementierung der Lösungen in kleinem Maßstab und die Überwachung ihrer Auswirkungen beinhalten, bevor sie in größerem Maßstab eingeführt werden.

Kontinuierlich überwachen und verbessern: Nachdem Sie die Lösungen implementiert haben, überwachen Sie den Prozess weiter, um sicherzustellen, dass die Engpässe beseitigt oder reduziert wurden. Nehmen Sie bei Bedarf weitere Verbesserungen am Prozess vor, um die Effizienz weiter zu optimieren und zu verbessern.

Es gibt auch mehrere Tools und Techniken, die verwendet werden können, um Engpässe zu identifizieren und Aufgaben zu rationalisieren, einschließlich Prozess-Mapping, Flussdiagrammen und Datenanalyse-Tools. Diese Tools können eine visuelle Darstellung des Prozesses liefern und dabei helfen, Bereiche zu identifizieren, in denen Verbesserungen vorgenommen werden können.

Automatisieren Sie sich wiederholende Aufgaben: Die Automatisierung sich wiederholender Aufgaben kann eine effektive Möglichkeit sein, Ihren Arbeitsablauf zu rationalisieren. Die Automatisierung sich wiederholender Aufgaben kann viel Zeit sparen und Ihren Arbeitsablauf optimieren. Hier sind einige Schritte, die Sie unternehmen können, um Aufgaben zu automatisieren:

Identifizieren Sie die Aufgaben, die sich wiederholen und zeitaufwändig sind: Suchen Sie nach Aufgaben, die Sie regelmäßig erledigen und viel Zeit in Anspruch nehmen.

Bewerten Sie die Aufgaben, um zu sehen, welche automatisiert werden können: Einige Aufgaben sind möglicherweise zu komplex oder erfordern menschliche Eingaben, andere können jedoch leicht automatisiert werden.

Wählen Sie die richtigen Automatisierungstools: Es sind viele Automatisierungstools verfügbar, z. B. Zapier, IFTTT und Microsoft Power Automate, mit denen Sie Ihre Aufgaben automatisieren können.

Erstellen Sie einen Plan für die Automatisierung: Bestimmen Sie die Abfolge der zu automatisierenden Schritte und das spezifische Tool oder Programm, das Sie für jede Aufgabe verwenden werden.

Testen und verfeinern Sie die Automatisierung: Nachdem Sie die Automatisierung eingerichtet haben, testen Sie sie gründlich, um sicherzustellen, dass sie wie beabsichtigt funktioniert. Verfeinern Sie den Prozess nach Bedarf, um eine optimale Effizienz zu gewährleisten.

Überwachen Sie die Automatisierung: Überprüfen Sie regelmäßig, ob die automatisierten Aufgaben korrekt ausgeführt werden, und passen Sie sie bei Bedarf an.

Durch die Automatisierung sich wiederholender Aufgaben können Sie Zeit gewinnen, um sich auf andere wichtige Aufgaben zu konzentrieren und eine höhere Produktivität zu erreichen.

Vereinfachen Sie Ihre Prozesse: Die Rationalisierung Ihrer Aufgaben und Arbeitsabläufe kann auch die Vereinfachung Ihrer Prozesse beinhalten. Dies kann das Eliminieren unnötiger Schritte, das Optimieren der Kommunikation oder das Konsolidieren von Aufgaben umfassen.

Verwenden Sie Vorlagen und standardisierte Dokumente: Die Verwendung von Vorlagen und standardisierten Dokumenten kann Ihnen helfen, Zeit zu sparen und Fehler zu reduzieren, indem Sie eine konsistente Struktur für Ihre Arbeit bereitstellen. Dazu können Vorlagen für Berichte, Präsentationen oder andere Arten von Dokumenten gehören.

Implementieren Sie ein Projektmanagementsystem: Die Implementierung eines Projektmanagementsystems kann Ihnen helfen, Aufgaben zu rationalisieren, indem es einen strukturierten Ansatz für die Verwaltung von Projekten und Aufgaben bietet. Das System kann Ihnen helfen, Aufgaben zu priorisieren, Fristen festzulegen und Teammitgliedern Verantwortlichkeiten zuzuweisen. Hier sind einige Schritte zur Implementierung eines Projektmanagementsystems:

<u>Wählen Sie ein Projektmanagement-Tool:</u> Es gibt mehrere kostenlose und kostenpflichtige Projektmanagement-Tools. Einige beliebte sind Trello, Asana und Monday.com. Wählen Sie ein Tool, das Ihren Anforderungen am besten entspricht.

<u>Definieren Sie das Projekt:</u> Definieren Sie die Projektziele, Zielsetzungen und Leistungen klar. Teilen Sie das Projekt in kleinere Aufgaben und Unteraufgaben auf und legen Sie für jede einzelne Fristen fest.

<u>Aufgaben und Verantwortlichkeiten zuweisen:</u> Weisen Sie Teammitgliedern Aufgaben zu und legen Sie Fristen fest. Stellen Sie sicher, dass jedem klar ist, welche Verantwortung er hat und was von ihm erwartet wird.

<u>Überwachung der Fortschritte:</u> Verwenden Sie das

Projektmanagement-Tool, um den Fortschritt zu überwachen und den Status jeder Aufgabe zu verfolgen. Aktualisieren Sie das Tool regelmäßig, um sicherzustellen, dass alle auf dem neuesten Stand sind.

Kommunizieren: Kommunikation ist der Schlüssel zum erfolgreichen Projektmanagement. Verwenden Sie das Projektmanagement-Tool, um mit Teammitgliedern zu kommunizieren, Dateien und Dokumente auszutauschen und Feedback zu geben.

Bewerten und verbessern: Bewerten Sie nach Abschluss des Projekts seinen Erfolg und identifizieren Sie Verbesserungsbereiche. Nutzen Sie dieses Feedback, um Ihr Projektmanagementsystem für zukünftige Projekte zu verbessern.

Die Implementierung eines Projektmanagementsystems kann einige Zeit und Mühe in Anspruch nehmen, aber die Vorteile sind es wert. Es kann Ihnen helfen, Aufgaben zu rationalisieren, die Produktivität zu verbessern und sicherzustellen, dass Projekte pünktlich und innerhalb des Budgets abgeschlossen werden.

Feedback einholen und kontinuierlich verbessern: Um Ihre Aufgaben und Arbeitsabläufe weiter zu optimieren, ist es wichtig, Feedback von anderen einzuholen und Ihre Prozesse kontinuierlich zu bewerten und zu verbessern. Dies kann das Einholen von Feedback von Teammitgliedern, das Experimentieren mit neuen Ansätzen oder das Erlernen neuer Fähigkeiten und Tools beinhalten.

Die Optimierung von Aufgaben und Arbeitsabläufen erfordert eine Kombination aus Automatisierung, Vereinfachung, Standardisierung und kontinuierlicher Verbesserung. Indem Sie Engpässe identifizieren, sich wiederholende Aufgaben automatisieren, Ihre Prozesse vereinfachen, Vorlagen und standardisierte Dokumente verwenden, ein

Projektmanagementsystem implementieren und Feedback einholen, können Sie Ihre Effizienz und Effektivität verbessern und Ihre Aufgaben und Arbeitsabläufe rationalisieren.

WORK-LIFE-BALANCE WAHREN

WIE WICHTIG ES IST, DIE BALANCE ZWISCHEN BERUFS- UND PRIVATLEBEN ZU WAHREN

Work-Life-Balance bezieht sich auf das Finden einer optimalen Balance zwischen beruflichen Verpflichtungen und persönlichen Lebensverpflichtungen wie Familie, Freunde, Hobbies und Freizeitaktivitäten. Es ist die Fähigkeit, die Anforderungen und Prioritäten der Arbeit und des Privatlebens erfolgreich zu bewältigen, ohne dass sich das eine gegenseitig stört.

Einer der Hauptgründe dafür, besser im Zeitmanagement zu werden, ist der Aufbau dieses Gleichgewichts. Je effizienter wir bei der Arbeit sind, desto mehr Zeit können wir außerhalb der Arbeit verbringen. Das bessere Zeitmanagement reduziert unseren Stresspegel, sodass wir unsere Zeit bei der Arbeit und unterwegs viel besser genießen können.

Das Erreichen einer Work-Life-Balance ist wichtig, da es das allgemeine Wohlbefinden verbessern, Stress und Burnout reduzieren, die Arbeitszufriedenheit und Produktivität steigern und die Beziehungen zu Familie und Freunden verbessern kann. Work-Life-Balance kann auch zu einem erfüllteren Leben führen, da es dem Einzelnen ermöglicht, persönlichen Interessen und Hobbys nachzugehen, wertvolle Zeit mit seinen Lieben zu verbringen und sich um seine körperliche und emotionale Gesundheit zu kümmern.

Es ist jedoch wichtig zu beachten, dass Work-Life-Balance nicht unbedingt bedeutet, dass man zwischen Arbeit und Privatleben gleich viel Zeit verbringen muss. Vielmehr geht es darum, ein Gleichgewicht zu finden, das für die individuellen Umstände und Prioritäten jedes Einzelnen funktioniert. Manche Menschen räumen der Arbeit möglicherweise größere Priorität ein, während andere dem Privatleben größere Priorität einräumen. Der Schlüssel liegt darin, ein Gleichgewicht zu finden, das den Bedürfnissen und Prioritäten jedes Einzelnen gerecht wird und gleichzeitig sicherstellt, dass weder die Arbeit noch das Privatleben vernachlässigt werden.

STRATEGIEN FÜR DAS MANAGEMENT DER WORK-LIFE-BALANCE

Bei der Vereinbarkeit von Beruf und Privatleben geht es darum, eine gesunde Balance zwischen Ihren beruflichen und privaten Verpflichtungen zu finden und sich Zeit für die Dinge zu nehmen, die Ihnen wichtig sind. Hier sind einige Strategien für das Management der Work-Life-Balance:

Klare Grenzen setzen: Um Ihre Work-Life-Balance zu managen, ist es wichtig, klare Grenzen zwischen Ihrer Arbeit und Ihrer persönlichen Zeit zu setzen. Dies kann das Festlegen bestimmter Arbeitszeiten oder das Festlegen bestimmter Zeitblöcke für persönliche Beschäftigungen beinhalten.

Priorisieren Sie Ihre Verpflichtungen: Um Ihre Work-Life-Balance zu managen, ist es wichtig, Ihre Verpflichtungen zu priorisieren und sich auf das zu konzentrieren, was Ihnen am wichtigsten ist. Dies kann beinhalten, klare Ziele und Prioritäten zu setzen und Verpflichtungen abzulehnen, die nicht mit Ihren Werten oder Zielen übereinstimmen.

Aufgaben delegieren und auslagern: Um Ihr Arbeitspensum zu verwalten und Zeit für andere Verpflichtungen freizumachen, sollten Sie erwägen, Aufgaben zu delegieren oder Aufgaben an andere auszulagern. Dies kann die Einstellung eines virtuellen Assistenten oder die Verwendung eines Aufgabenverwaltungstools beinhalten, um Teammitgliedern Aufgaben zuzuweisen.

Nehmen Sie sich Zeit für die Selbstfürsorge: Selbstfürsorge ist ein wichtiger Aspekt der Work-Life-Balance, und es ist wichtig, sich Zeit für Aktivitäten zu nehmen, die Körper, Geist und Seele nähren. Dazu können Dinge wie Sport, Meditation oder Pausen zum Aufladen gehören.

Kommunizieren Sie mit Ihrem Arbeitgeber: Wenn Sie Probleme haben, Ihre Arbeit und Ihre persönlichen Verpflichtungen unter einen Hut zu bringen, kann es hilfreich sein, mit Ihrem Arbeitgeber zu sprechen. Dies kann das Aushandeln flexibler Arbeitsregelungen oder die Suche nach Unterstützung oder

Ressourcen zur Bewältigung Ihrer Arbeitsbelastung beinhalten.

Unterstützung suchen: Um Ihre Work-Life-Balance zu managen, ist es wichtig, sich Unterstützung von anderen zu holen. Dies kann bedeuten, mit einem Freund oder Familienmitglied zu sprechen, Unterstützung von einem Coach oder Mentor zu suchen oder einer Selbsthilfegruppe beizutreten.

Die Vereinbarkeit von Beruf und Privatleben erfordert eine Kombination aus Grenzziehung, Priorisierung, Delegation, Selbstfürsorge, Kommunikation und Unterstützung. Indem Sie klare Grenzen setzen, Ihre Verpflichtungen priorisieren, Aufgaben delegieren und auslagern, sich Zeit für sich selbst nehmen, mit Ihrem Arbeitgeber kommunizieren und Unterstützung suchen, können Sie Ihre Work-Life-Balance verbessern und sich Zeit für die Dinge nehmen, die Ihnen am wichtigsten sind.

VORTEILE DER WORK-LIFE-BALANCE

Verbesserte Produktivität: Die Aufrechterhaltung eines Gleichgewichts zwischen Arbeit und Privatleben kann dazu beitragen, Ihre Produktivität zu verbessern. Wenn Sie eine gesunde Work-Life-Balance haben, sind Sie bei der Arbeit eher konzentriert und energiegeladen und weniger ausgebrannt oder überfordert.

Weniger Stress: Die Aufrechterhaltung eines Gleichgewichts zwischen Arbeit und Privatleben kann dazu beitragen, Stress abzubauen und Ihr allgemeines Wohlbefinden zu verbessern. Wenn Sie Zeit für sich selbst und die Dinge haben, die Ihnen außerhalb der Arbeit Spaß machen, können Sie die negativen Auswirkungen von Stress auf Ihre Gesundheit und Ihr Wohlbefinden reduzieren. Die Reduzierung von Stress trägt nicht nur zu Ihrem allgemeinen Glücksniveau bei, sondern auch zu einer besseren Produktivität bei der Arbeit. Wer wusste?!

Bessere Entscheidungsfindung: Die Aufrechterhaltung eines Gleichgewichts zwischen Arbeit und Privatleben kann auch dazu beitragen, Ihre Entscheidungsfähigkeit zu verbessern. Wenn Sie ausgeruht und nicht von der Arbeit überwältigt sind, können Sie eher klar denken und fundierte Entscheidungen treffen.

Verbesserte Beziehungen: Die Aufrechterhaltung eines Gleichgewichts zwischen Arbeit und Privatleben kann dazu beitragen, Ihre Beziehungen zu anderen zu verbessern. Wenn Sie Zeit für Familie und Freunde haben, können Sie Ihre Verbindungen stärken und Ihre allgemeine Lebensqualität verbessern.

Erhöhtes Glück: Studien haben gezeigt, dass Menschen, die ein Gleichgewicht zwischen Arbeit und Privatleben aufrechterhalten, tendenziell glücklicher und zufriedener mit ihrem Leben sind. Indem Sie Ihrem Wohlbefinden und den Dingen, die Ihnen Spaß machen, Priorität einräumen, können Sie Ihr allgemeines Glück und Wohlbefinden steigern.

Die Aufrechterhaltung eines Gleichgewichts zwischen Arbeit und Privatleben ist wichtig für Ihre Produktivität, Ihr Wohlbefinden und Ihre allgemeine Lebensqualität. Indem Sie sich Zeit für sich selbst und die Dinge nehmen, die Ihnen Spaß machen, können Sie Ihre Produktivität verbessern, Stress abbauen, bessere Entscheidungen treffen, Ihre Beziehungen verbessern und Ihr Glück steigern.

Zeitmanagement ist der Prozess der Planung und Organisation Ihrer Zeit, um das Beste aus Ihrer verfügbaren Zeit zu machen und Ihre Produktivität zu steigern. Effektives Zeitmanagement beinhaltet das Setzen klarer Ziele, das Priorisieren von Aufgaben, das Minimieren von Ablenkungen und den Einsatz von Planungs- und Zeitblockierungstechniken.

Es gibt viele Vorteile eines guten Zeitmanagements, einschließlich erhöhter Produktivität, weniger Stress, verbesserter Entscheidungsfindung und verbesserter Beziehungen. Um Ihre aktuellen Zeitmanagementfähigkeiten einzuschätzen, kann es hilfreich sein, zu messen, wie Sie derzeit Ihre Zeit verbringen, und häufige Zeitverschwender zu identifizieren.

Um Ihre Zeitmanagementfähigkeiten zu verbessern, können Sie sich klare und spezifische Ziele setzen, größere Ziele in kleinere, überschaubarere Aufgaben unterteilen und Techniken zur Priorisierung von Aufgaben anwenden. Zeitplanung und Zeitblockierung können nützliche Tools sein, um Ihre Zeit zu verwalten und auf Kurs zu bleiben. Es ist wichtig, strukturierte und flexible Zeit in Einklang zu bringen, um unerwartete Ereignisse und unerwartete Gelegenheiten zu berücksichtigen.

Prokrastination ist eine häufige Herausforderung beim Zeitmanagement und kann überwunden werden, indem man sich klare Ziele setzt, Aufgaben in kleinere Schritte aufteilt und Tools verwendet, um Ablenkungen zu blockieren. Der Umgang mit Ablenkungen und Unterbrechungen ist ein wichtiger Teil des Zeitmanagements und kann erreicht werden, indem man Grenzen setzt, Tools verwendet, um Ablenkungen zu blockieren, eine ablenkungsfreie Umgebung schafft und Multitasking vermeidet.

Die Steigerung von Effizienz und Produktivität beinhaltet die Identifizierung Ihrer Ziele, die Aufteilung von Aufgaben in kleinere Schritte, die Verwendung von Zeitplänen und Zeitblöcken, die Minimierung von Ablenkungen, das Einlegen von Pausen und die Priorisierung der Selbstfürsorge. Das Optimieren von Aufgaben und Arbeitsabläufen umfasst das Identifizieren von Engpässen, das Automatisieren sich wiederholender Aufgaben, das Vereinfachen von Prozessen, das Verwenden von Vorlagen und standardisierten Dokumenten, das Implementieren eines Projektmanagementsystems und das Einholen von Feedback.

Pausen einzulegen und eine gesunde Work-Life-Balance zu wahren, sind wichtig für Produktivität, Wohlbefinden und allgemeine Lebensqualität. Zu den Strategien für die Vereinbarkeit von Beruf und Privatleben gehören das Setzen klarer Grenzen, das Priorisieren von Verpflichtungen, das Delegieren und Auslagern von Aufgaben, das Einnehmen von Zeit für die Selbstfürsorge, die Kommunikation mit Ihrem Arbeitgeber und die Suche nach Unterstützung.

Abschließend möchte ich nur sagen, dass ich zutiefst verstehe, wie schwierig und frustrierend es ist, die gewünschten Aufgaben aufgrund von Aufschub und allgemein schlechtem Zeitmanagement nicht erledigen zu können. Das Ziel dieses Buches war nicht, Sie über Nacht in eine Produktivitätsmaschine zu verwandeln, sondern Ihnen dabei zu helfen, die Kernprobleme hinter dem Problem zu verstehen und umsetzbare Lösungen zu entwickeln, die eine sofortige Wirkung haben können, wie klein diese auch sein mag. Wenn dieses Buch Ihnen geholfen hat, noch ein bisschen besser zu werden, dann habe ich meine Arbeit erfolgreich gemacht☺

www.ingramcontent.com/pod-product-compliance
Lightning Source LLC
Chambersburg PA
CBHW070755220526
45467CB00014B/484